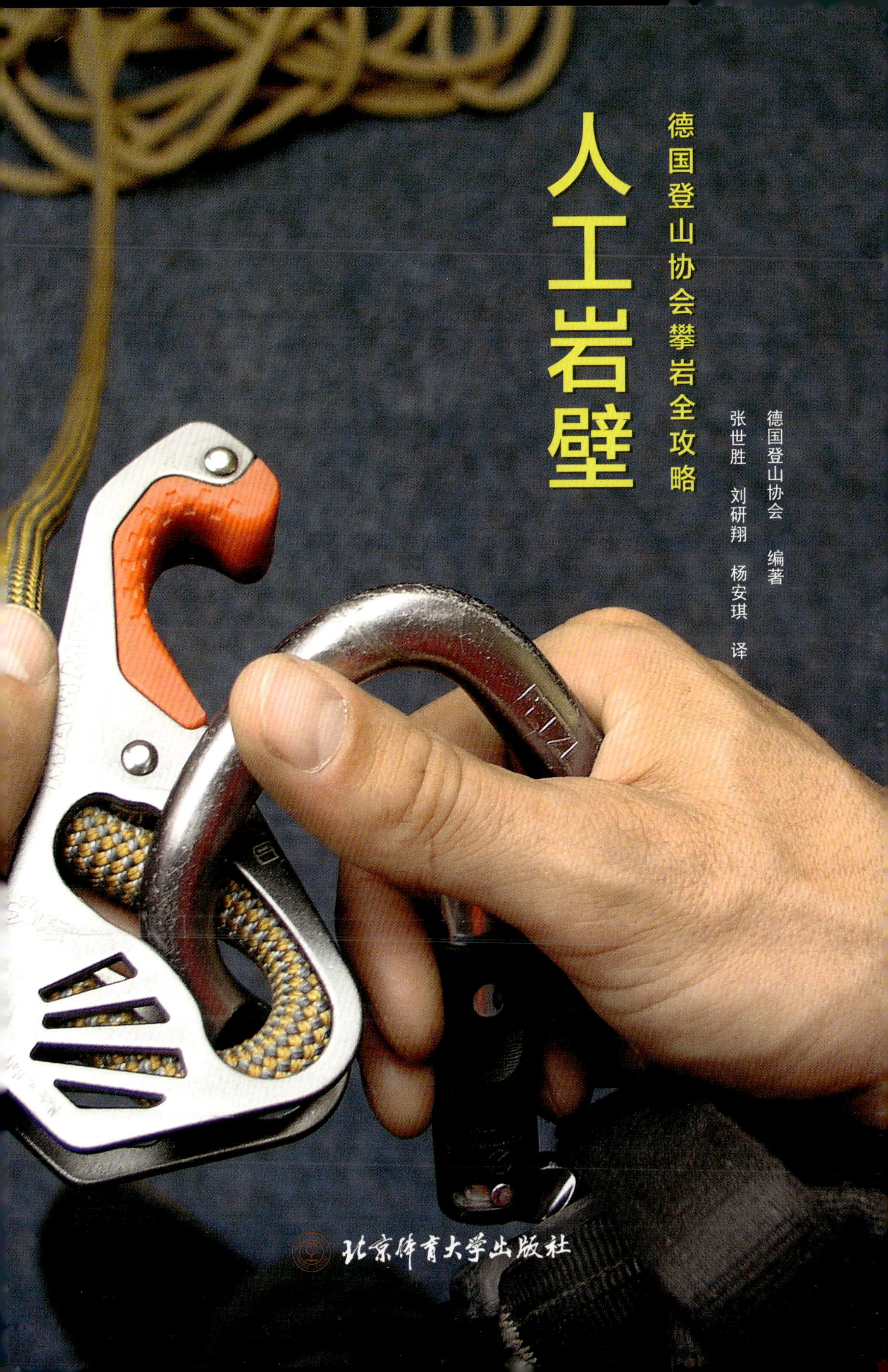

人工岩壁

德国登山协会攀岩全攻略

德国登山协会 编著
张世胜 刘研翔 杨安琪 译

北京体育大学出版社

策划编辑：孙宇辉
责任编辑：吴　珂
责任校对：井亚琼
版式设计：嘿森林青创

北京市版权局著作权合同登记号：01-2022-0041

图书在版编目（CIP）数据

德国登山协会攀岩全攻略．人工岩壁 / 德国登山协会编著；张世胜，刘研翔，杨安琪译．-- 北京：北京体育大学出版社，2022.9

ISBN 978-7-5644-3602-5

Ⅰ．①德… Ⅱ．①德… ②张… ③刘… ④杨… Ⅲ．①攀登（登山运动）Ⅳ．① G881

中国版本图书馆 CIP 数据核字 (2022) 第 010002 号

德国登山协会攀岩全攻略 人工岩壁
DEGUO DENGSHAN XIEHUI PANYAN QUANGONGLÜE RENGONG YANBI

德国登山协会 编著
张世胜 刘研翔 杨安琪 译

出版发行：北京体育大学出版社
地　　址：北京市海淀区农大南路 1 号院 2 号楼 2 层办公 B-212
邮　　编：100084
网　　址：http://cbs.bsu.edu.cn
发 行 部：010-62989320
邮 购 部：北京体育大学出版社读者服务部 010-62989432
印　　刷：北京瑞禾彩色印刷有限公司
开　　本：710mm × 1000mm　1/16
成品尺寸：170mm × 240mm
印　　张：8
字　　数：136 千字
版　　次：2022 年 9 月第 1 版
印　　次：2022 年 9 月第 1 次印刷
定　　价：86.00 元

写在“嘿森林户外运动丛书”第一辑出版之际

（代前言）

2022年4月，教育部印发《义务教育课程方案和课程标准（2022年版）》，规定全国九年义务教育学校各年级均须开设体育与健康课，占总课时比例10%～11%。由此可见，体育的价值越来越得到重视。

“嘿森林户外运动丛书”是嘿森林（北京）体育科技股份有限公司（简称嘿森林）引进的一套关注户外教育和体育运动前沿领域的图书，专业性、实践性是“嘿森林户外运动丛书”的特色。德国登山协会攀岩全攻略系列五种图书是“嘿森林户外运动丛书”的第一辑，是从德国引进的攀岩教材，也是德国登山协会教练获取行业资质的指定教材。全系细分为人工岩壁、自然岩壁、攀石技术·策略·科学训练法、安全和装备、技术·策略·心理五个主题，既权威专业，又贴近实践，代表了德国攀岩领域的较高水平。我们本着将德国登山攀岩运动多年的经验和成熟的体系介绍给国内读者和攀岩爱好者的目的出版该系列图书，这不仅能为国内攀岩运动在基层推广创造有利条件，而且能为青少年户外攀岩项目提供专业支撑，助力中国攀岩运动的发展。

嘿森林致力于发展中国户外素质教育，并向社会提供优质专业的户外教育体验服务，陪伴孩子快乐成长，同时利用自身资源引进国外的户外素质教育方法和教学手段，致力于为中国青少年构建自然、和谐、阳光的素质教育成长环境，让他们“融入自然、快乐成长”。

作为一家从事户外教育的企业，重视生态文明和可持续发展是嘿森林的企业文化基础，我们坚持国家倡导的绿色发展观，从娃娃抓起，让青少年在户外运动中欣赏祖国的大好河山，用科学的方法使其与大自然友善相处，并和谐地融入大自然，帮助他们树立环保理念、提升环保意识，将爱护祖国绿水青山的理念根植于心。

在引进德国登山协会攀岩课程体系并使之落地的过程中，嘿森林与北京青少年营地教育协会、体育院校、攀岩馆等相关方进行深度合作，共同研发了“中国青少儿攀岩九级训练及评价体系”。采用分级训练有助于提高青少年儿童的攀岩技能和对攀岩运动的兴趣，培养其特长，使他们感受锻炼的乐趣，提高他们脑、心、手并用的能力，挖掘自我锻炼的潜力，从而使其养成良好的锻炼习惯，为终身体育打下良好基础，最终达到促进青少年身心健康成长的目的。

作为专业的户外运动教育机构，嘿森林将继续推出新产品，不断丰富“嘿森林户外运动丛书”。欢迎各方关注、指正，让我们一起为素质教育和健康中国贡献力量！

序

攀岩运动正在蓬勃发展。据最新的统计显示，在德国有超过30万的攀岩运动者。然而，这一数字在20世纪90年代中期还远远低于10万。推动这一运动发展的主要因素就是人工攀岩设施的迅速推广。在人工攀岩场所，你无须像“极端的冒险者”那样将自己置身于落石或雷雨等高山攀岩风险之中，就可以体验陡峭岩壁的独特魅力。而得益于现代化和人性化的山地运动装备，人们能够更加轻松地学习必要的安全技术。

尽管室内攀岩看似容易，有可预测性和便利性的特点，但是不要忘记，在进行室内攀岩时也会发生意外。所以，初学者应该掌握一些攀岩的技巧和技能。我们的原则是：小心地攀爬！因此，德国登山协会主张将所有关于正确攀爬的知识告知攀岩者。

我对这本书特别满意。它与德国登山协会倡导的“安全攀登”以及德国登山协会攀岩证书的课程完美契合。然而，它并不能取代这样的课程——例如德国登山协会体验课。从另一个视角看，它也不能取代攀岩课程，因为以群体为单位的攀岩运动能够带来更多的乐趣！

我希望大家能通过阅读与学习本书获得更多美好的攀岩体验！

德国登山协会副会长

吉多 · 科斯特迈尔博士

目 录

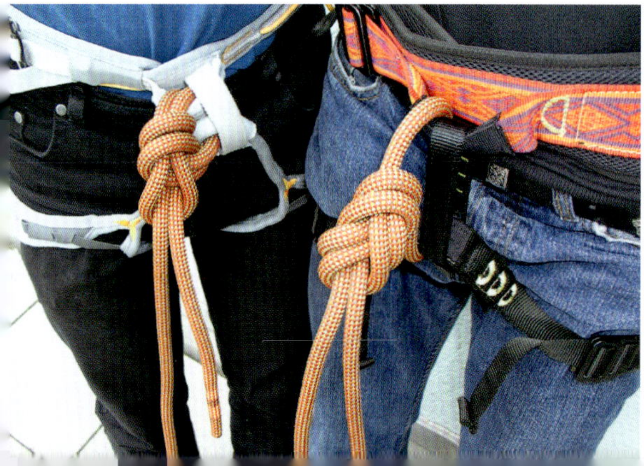

导言：室内攀岩入门

坦白地说，当你第一次走进攀岩馆时，一定期待着体验一次极限运动，对吧？或者你这样想过：馆里攀岩的人就算不是顶级的专业运动选手，至少也是水平很高的能手。在攀岩馆里，惊险的场景每时每刻都在上演，而这些攀岩英雄们也借此证明了他们钢铁般的意志。

然而，你发现你来到了一个和想象中完全不同的世界：一位12岁的女孩正用她纤细的手臂攀爬；20多岁强壮男孩的肱二头肌像两个膨胀的气球一样立在耳边；退休的老人从年轻人身旁攀岩而过；亲子攀登队伍仍然纠结于结绳训练。在他们当中有夫妻、单身人士，有企业员工、家庭主妇和学生。这时你会明白，室内攀岩其实是一项很平常的大众运动。

良好的攀岩保护

室内攀岩者丰富多彩的世界得益于人工攀岩设施的丰富与完善。这里有大、中、小型的各类场馆设施，配备或不配备户外区域的大厅，明亮的攀岩空间和昏暗的地下室，先进的设备和那些明显能看出年份的旧设备。然而，在所有的场馆里有两点是相同的：第一，场馆内（攀石区除外）到处存在潜在的冲坠风险。第二，需要学习统一的攀岩保护技术，这样你可以有效地保护你和你的同伴，避免发生意外。这些保护技术也是本书的重要内容。

德国登山协会攀岩证书

自德国登山协会在“安全攀登运动”的框架下引入攀岩证书后，在德国境内已经颁发了7万余份。可见，德国登山协会的攀岩证书也在“蓬勃发展”。好处在哪儿呢？和以往一样，证书代表着专业化的培训。其次，证书对优秀攀岩者而言同时也是安全的攀登体验的保证。然而，攀岩证书并不是一个攀岩的许可证，它意味着在人工岩壁上攀岩的安全性的提高。所以，该证书既没有法律效力，也没有许可证的作用，就像著名的游泳勋章“长距离游泳运动员”一样，它只代表某个协会内承认的功绩或成就。没有任何一本教科书可以代替优质的攀岩课程。事物需要通过感受和实践加以理解。因此，你需要不断地练习和复习，因为经验只能靠自己积累。本书内容也支持这种学习模式（即理论加实践）。在学习过程中可能会产生新的问题，同时之前的问题也会得到解答。

与往常一样，我们会对攀爬人工岩壁的“保护和安全”问题进行讨论。当你知道自己在做什么，并且提前考虑到后果时，才能有意识地降低风险。

认识攀岩馆

作为一名初学者，当你进入攀岩馆时，就涉足了一个新领域。即使是老手，通常也只知道他们熟悉的场馆的情况。所以，他们应该也会对下面的部分内容感兴趣。

制定攀岩路线是一项费力且需要创造力的工作

线路规划

因为可供使用的区域是有限的，所以攀岩的设施并非一成不变。旧的线路常常会被移除，换上新的线路。线路的设定者会根据一些标准，独立地规划新线路。通过不断设定新线路（即所谓的换线），可以确保室内攀岩线路的多样性和丰富性。

更现代的攀岩场所内，一条线路包括一系列颜色相同的支点。由于支点本身可以拥有丰富的颜色，所以在一条顶绳设定的区域，常常会出现不同颜色支点标定的3~4条线路。

不同的线路不仅在难度级别上有所不同，它们的差异还体现在体系结构上：一条线路可能在技术层面上要求很高，需要攀岩者有很精细的技巧；而另一条需要攀岩者有更强大的肢体力量，而技术难度却不高。所以，线路难度的确定最终取决于每条线路的定线员。显而易见，线路设定者的工作在很大程度上影响着一个攀岩馆的特点。当然，有一点与线路设定者的创造力无关：勤于更换线路的定线员越多，产生的新线路就会越多，可供选择的线路就越多样，这也意味着你能得到更多的乐趣，学到更多的技能。

难度划分

攀岩线路按难度系数分级。等级越高，线路越难，攀岩者需要付出的体力也越多。从逻辑上讲，每个人都想尽可能地

<table>
<tr><td>4+</td><td>5−</td><td>5</td><td>5+</td><td>6−</td><td>6</td><td>6+</td><td>7−</td><td>7</td><td colspan="2">7+</td><td colspan="2">8−</td><td>8</td></tr>
<tr><td>4</td><td colspan="5">5a–5c</td><td>6a</td><td>6a+</td><td>6b</td><td>6b+</td><td colspan="2">6c</td><td>6c+</td><td>7a</td></tr>
</table>

<table>
<tr><td colspan="2">8+</td><td colspan="3">9−</td><td>9</td><td colspan="2">9+</td><td colspan="2">10−</td><td>10</td><td>10+</td><td colspan="2">11−</td><td colspan="3">11</td><td colspan="2">11+</td><td>12−</td></tr>
<tr><td>7a+</td><td colspan="2">7b</td><td>7b+</td><td colspan="2">7c</td><td>7c+</td><td colspan="2">8a</td><td>8a+</td><td>8b</td><td>8b+</td><td>8c</td><td colspan="2">8c+</td><td>9a</td><td colspan="2">9a+</td><td colspan="2">9b</td></tr>
</table>

和国际登山联合会的难度系统一样，法国攀登难度系统（浅黄色）中也使用+和−详细地划分难度等级

达到难度系统中的最高等级。

攀岩者根据以往经历，依照所标定的难度系数，本应有能力成功地攀登一条线路，然而实际上却未能完成。这时，他们可能会开始讨论难度系数的准确性。这听起来很奇怪，但事实的确常常如此。

每个攀岩者在他的攀岩生涯中常常会经历类似的情况。这些讨论也都是攀登的一部分。针对岩壁角度、支点的大小与间距等问题并没有可以测量的数值作为一个客观的衡量标准来定义攀爬时的运动负荷。所以，熟悉难度系统是非常重要的。在说德语的国家和地区有两个衡量攀岩难度的系统：国际登山联合会的难度系统和法国攀登难度系统。

为什么中继保护点在理想情况下不能用来让攀岩者休息呢？因为从运动学的角度看，一条攀岩线路只有在先锋攀登的情况下一口气攀登完毕才算是完成，而中继保护点只能用于保护。与此对应的攀爬方式叫作“红点攀岩”（即运动员可以对线路进行反复的观察和试攀，只要最终一次性先锋攀登到达终点即可）。在对线路一无所知的条件下首次尝试红点攀岩并成功，我们称这种攀岩方式为“看攀”。

当攀岩者成功地收集到了线路的有关资料（通过询问其他攀岩者或在线路上观察获得）之后，一次性攀岩成功，他就是完成一次复攀。

切记，岩壁和天气状况也会对攀岩者主观感受到的难度产生相当大的影响。与潮湿且炎热的天气相比，岩石在较冷的天气下有更强的摩擦力。如果一条线路已经被攀爬多次，致使支点变得光滑，那通常意味着在攀登时需要投入更多的力量。

通常，线路的难度会在攀登的起点处给出

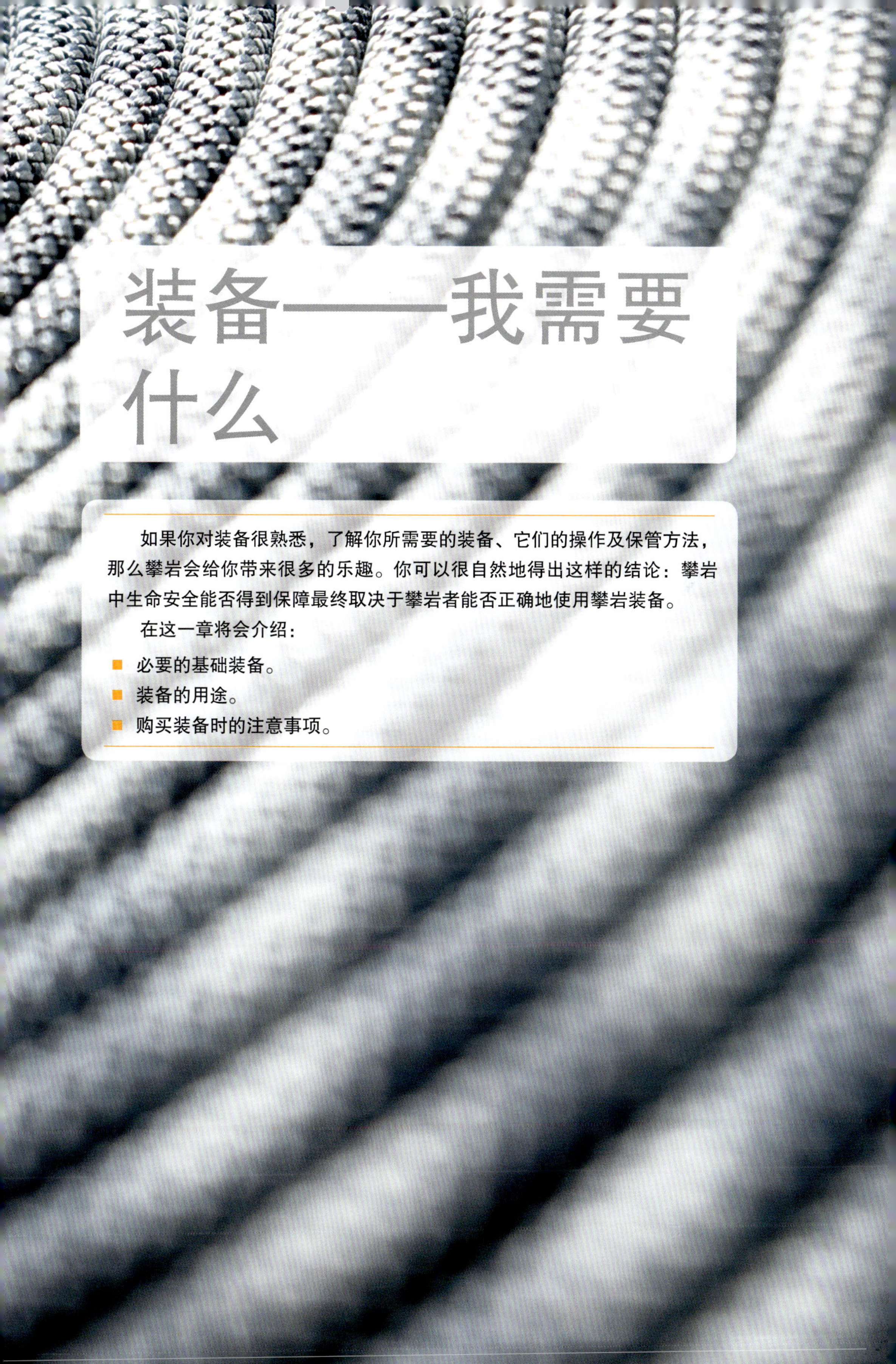

装备——我需要什么

如果你对装备很熟悉，了解你所需要的装备、它们的操作及保管方法，那么攀岩会给你带来很多的乐趣。你可以很自然地得出这样的结论：攀岩中生命安全能否得到保障最终取决于攀岩者能否正确地使用攀岩装备。

在这一章将会介绍：

- 必要的基础装备。
- 装备的用途。
- 购买装备时的注意事项。

绳索

攀岩者和保护者通过绳索连接在一起。如果攀岩者坠落，那么保护者就会通过绳索保护他不受伤害。

但那只是理想情况。在现实中，有以下几个因素会影响绳索功能的发挥：

延展性和抗拉强度

为了在保证安全性的同时又给予攀岩者必要的缓冲空间，攀岩绳索不仅要具有非常高的抗拉强度（新的单绳可承受约2吨的重量），而且还要在一定限度内具有弹性。我们很容易想出为什么攀岩绳索必须具有弹性：如果攀岩绳索是刚性的，那么坠落的攀岩者必须在很短的时间内直接吸收坠落的所有动能，这会大大增加受伤的风险。柔软的绳索虽然延展性很好，但要小心！过于柔软的绳索（类似于弹力绳）会过分拉长冲坠距离并增加受伤的风险。在极端情况下，弹性极强的绳索甚至有可能致使攀岩者坠落到地面上。

左边是一根新绳子，右边是一根有磨损的绳子

好的绳索应该兼具适度的抗拉强度和延展性。绳索的延展性受欧洲标准EN 892的约束，它规定了对延展性的某些限制。此外，该安全标准规定了攀岩绳索的更多功能标准。本书将EN 892标准中对单绳最重要的要求列于第7页的表格中。

绳索老化

攀岩绳索是由芯皮结构组成的。该结构包含一个主要承受拉力的绳芯和一个包裹着绳芯的绳皮。绳皮的作用在于保护芯部免受外部影响（如灰尘和磨损），并将其固定成一束。绳芯通常由聚酰胺纱线组成。

最初，新绳索具有光滑的表面和制造商标定的直径。

随着绳索使用时间的增长，它的表

面变得粗糙毛糙，且绳索直径增加。使用新绳索更容易进行安全保护，因为新绳索在保护器中产生的摩擦力很小。缺点在于保护者需要更大的力量来控制绳索在保护器内的滑动。相反，使用旧的绳索仅需要较小的力量，但同时又会增加对保护器的磨损。

但是如果绳索的操作比攀爬更费力，那就必须更换新绳索了。

根据使用频率，下表给出了攀岩绳索寿命的预估值。顺便提一下，车内运输绳索时应该加设必要的保护套。

熔化危险！

用于制作攀岩绳索的聚酰胺纱线的缺点是熔点很低。虽然有磨损的绳索端部可以用锋利的刀和打火机“修理”，但不幸的是，聚酰胺对高温的耐受性极低。所以，绝对不可以在绳索或扁带上滑动摩擦另一条绳索！这会有生命危险！

标准要求

标准条件下落	80 kg	重物质量
标准条件下落次数	不小于5	测量绳索的抗拉强度——绳索承受的跌落次数越多，抗拉强度越强
冲击力	≤ 12 kN	测量绳索吸收能量的能力——值越小，顶部受力越小
静态拉伸	≤ 10%	80 kg 静载荷下的拉伸率
下落拉伸	≤ 40%	在测试条件下下落的拉伸率

绳索寿命

使用频率	使用寿命
从未使用	最多10年
很少使用（一年1~2次）	7年
偶尔使用（每月1次）	5年
定期使用（每月2~3次）	3年
经常使用（每周至少1~2次）	最长1年
不断使用（几乎每天）	不到1年

使用前

在第一次使用绳索之前，我想敦促新绳索的使用者，一定要妥善小心地解开它们！那些没有妥善松解绳索的人会很快发现自己陷入了与混乱绳索的战斗中。所以在第一次使用之前请捋顺你的新绳索。

首次使用前妥善松解绳索

哪根绳索合适？

在人工攀岩设施上攀岩时，请使用单绳。可以通过包装或绳端的标识识别，其标识为一个圆圈包围的“1”。绳长60 m！你觉得太长了？出于对以下两点的考虑，我们依然建议使用至少60 m长的绳索。一方面，德国目前最高的室内攀岩岩壁可以提供30 m高的线路，这里就必须使用60 m长的绳索。另一方面，60 m长的绳索可以普遍适用于绝大多数户外的攀岩区域，满足“一根绳子打天下”的要求。

标记绳中点

你应将绳中点标记出来。中点标记能提示保护者剩余的绳索是否足以让攀岩者在顶绳保护下降时回到地面。它的位置应该是固定的，并且永久处于相同的位置（不要用胶带）。对于手写标记，请使用某些制造商提供的绳索标记专用记号笔或者Edding 3000型号的记号笔。这些记号笔可避免对绳索造成化学损坏。对于初学者，建议使用直径为10 mm的绳索，原因有二：首先，用较细的绳索进行保护需要有一定的经验。其次，较细的绳索寿命较短。它们仅适用于追求效率和成绩的进阶攀岩者，他们希望尽量减轻负重，以便在岩壁上攻克更艰难的线路。

运输

无论是在攀岩的当天还是在向另一条线路进发的路上，一根绳索应该用适合运输的方式包裹，必须确保绳索从头到尾都很顺畅，没有打结，也没有复杂而混乱的缠绕。最后，将剩余3 m长的绳索缠绕在绳索圈上形成一个绳索捆，应注意的是将绳索圈扎紧，避免绳索捆松开。

实用的绳包

可以很好地替代盘绳的办法是使用绳包。出于以下原因，建议你购买一个绳包。

- 绳索随时可以取用。
- 不需要恼人的盘绳过程。
- 绳索中的污垢颗粒会摩擦织物中的纤维，显著加速绳索的老化过程。而绳包可保护绳索免受污染，防止灰尘进入，从而延长绳索的使用寿命。
- 最后但同样重要的是：在攀爬时请将绳索的自由端打结并将其固定到绳包上，这可以避免由于没有打绳尾结而造成的安全事故！

怎样才算一个好的绳包？

- 绳包在包装时要带有一到两条背带，方便携带，背带不能太短以防滑落。外形细长的绳包比球形绳包更容易挂在徒步背包的下部。
- 绳包自带的防水布既不应太光滑，也不能太小（≥80 cm × 80 cm），并且应该防水。这样即使是将绳包放置在坡地上，绳索也不会从防水布上滑下去；另一方面，来自地面的水分不会透过防水布，绳索将得以保持干燥。

攀登后将绳索收好

安全带

安全带的功能是在攀岩者坠落或悬挂时将绳索传导的力尽可能均匀地分散到身体各个部位。基本上，安全带和身体的接触面积越大，力分布得也就越均匀。但是，过宽的腰环会非常沉重，并且还会限制攀岩者的行动自由。每个攀岩者都必须根据自己的需求，在舒适度和行动自由度之间找到一个适合自己的平衡点。

坐式安全带

坐式安全带分为腿环可调节和不可调节两种类型。腿环可调节安全带在使用中灵活性更高。它们可以在有限的范围内“伸长”或“缩短”，所以穿戴起来非常方便。

如果想在攀岩中得到更好的运动成绩和表现，腿环不可调节的安全带不失为一个完美的选择，因为它更轻巧，使用起来也更方便。

反扣

安全带上的一些搭扣必须反扣才能正确穿戴使用。请注意安全带上的相应警告并仔细阅读操作说明！对于腿环上有搭扣的安全带，使用时请确保搭扣位于大腿

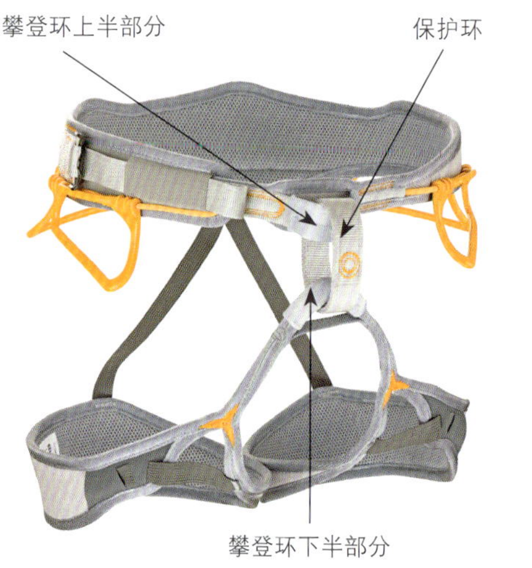

安全带各个部分

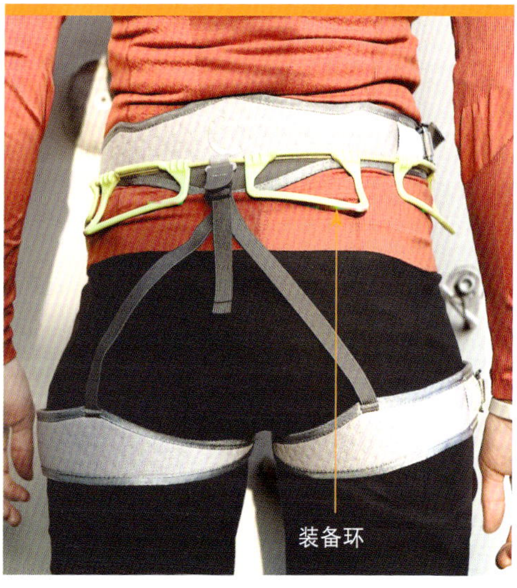

装备环可用于悬挂快挂

外侧。如果搭扣在大腿内侧则意味着穿戴错误，此时安全性可能会降低，同时软组织会产生不舒服的压迫感。

合身的安全带

购买安全带时最重要的就是看它合身与否。如果腿环太松，在某些情况下，下降时可能对人体造成很大的伤害。

另一方面，如果腿环太紧则会阻碍血液循环，你的脚就会变得麻木冰凉。大腿和安全带之间，应当留一个手掌可以穿过的空间，不多也不少。

如何挑选安全带?

- 不需要反扣的安全带具有自动防滑脱的优点。
- 装备环：两个装备环（一左，一右）足以满足攀爬大多数人工岩壁的需要。如果你还想进行室外自然岩壁攀岩，那么你最好选择有四个装备环的安全带。对于高海拔或多绳距结组路线尤应如此。
- 你应在购买之前测试安全带的舒适性。在悬挂8~10分钟后，选择让你感受到压迫感最小或根本没有压迫感的安全带。
- 安全带的腰环应扣在骨盆髋部上方并贴合身体，防止身体从安全带中意外脱出。

儿童安全带带有亮色荧光线圈

德国登山协会——小技巧

如果你有足够的时间闲逛，可以试穿一下众多不同品牌的安全带。不同制造商制造的产品在某些情况下可能有所不同。你可以多花点时间来选购一条令自己满意的安全带。在腿围相同的前提下，女性的腰围通常都比较纤细，如果穿戴男款安全带的话，难以保证腿部和腰部都合身，会造成很大的不便。专为女性设计制造的安全带能解决这一问题。

主锁

基本上有两种不同类型的攀岩设施：一种只能进行顶绳攀登，另一种还能进行先锋攀登。

如果你只进行顶绳攀登活动，就无须了解快挂。而在进行先锋攀登时，快挂并没有被挂放在岩壁上，所以要记得自己携带快挂。在户外自然岩壁攀岩时尤其如此。

快挂

一把快挂由两个单锁和缝合的聚酰胺或高强尼龙纤维扁带组成，扁带长度为10~20 cm。其中一把单锁用于钩挂岩壁上的挂片，另一把单锁用于连接绳子。

快挂的使用，简化了中继保护点挂绳时的操作，与只使用单个主锁相比，有效地降低了绳索同安全环的摩擦。与绳索相连的单锁应当避免扭动。这样一来，就避免了快挂交叉负载存在的安全隐患和中继保护点挂绳时绳索令人厌烦的摆动。

带有弯门锁的快挂便于快速挂绳

此外，挂片同挂入的主锁摩擦，会产生能磨损绳索的尖锐凹槽；而使用快挂，可以有效地避免对绳索的磨损。

断裂强度标准

包括锁具在内的攀岩装备都应当符合欧洲标准（CE认证）。主锁须满足以下要求。

- 纵轴受力（锁门关闭）：大于20 kN。
- 横轴受力：大于7 kN。
- 纵轴受力（锁门打开）：大于7 kN。

此标准是反映攀岩锁具安全性能的至关重要的指标，而在某些情况下锁具受力甚至可能高于标准要求。所以用什么样的快挂锁并不重要，是吗？并不是！锁具的主要区别在于它们的形状和结构，这决定了其各自的应用领域。

使用弯曲的锁门可以更为方便地挂入绳索，因此弯门锁常置于快挂的下端。

弯门锁不应放置在挂片一端，因为它比直门锁更容易脱出。如果一把快挂上有弯门锁，那应该将其放置于下端，与攀岩绳索相连。

锁门锁住主锁的地方，也就是被称为“锁鼻”的部分，老式锁具的锁鼻有挂住绳索甚至损坏绳索的风险。自从发明了新型快挂锁鼻，这个问题便成为历史。Keylock型锁鼻还有其他的新型锁鼻系统，如Guitar、Magic-Lock都是攀岩界可喜的新发明。

当第一把钢丝门单锁问世的时候，攀岩界议论纷纷。

如此单薄的钢丝门单锁可靠吗？当然，它不仅重量很轻，还有另外一个优点：不会频繁出现让人们一直担心的、

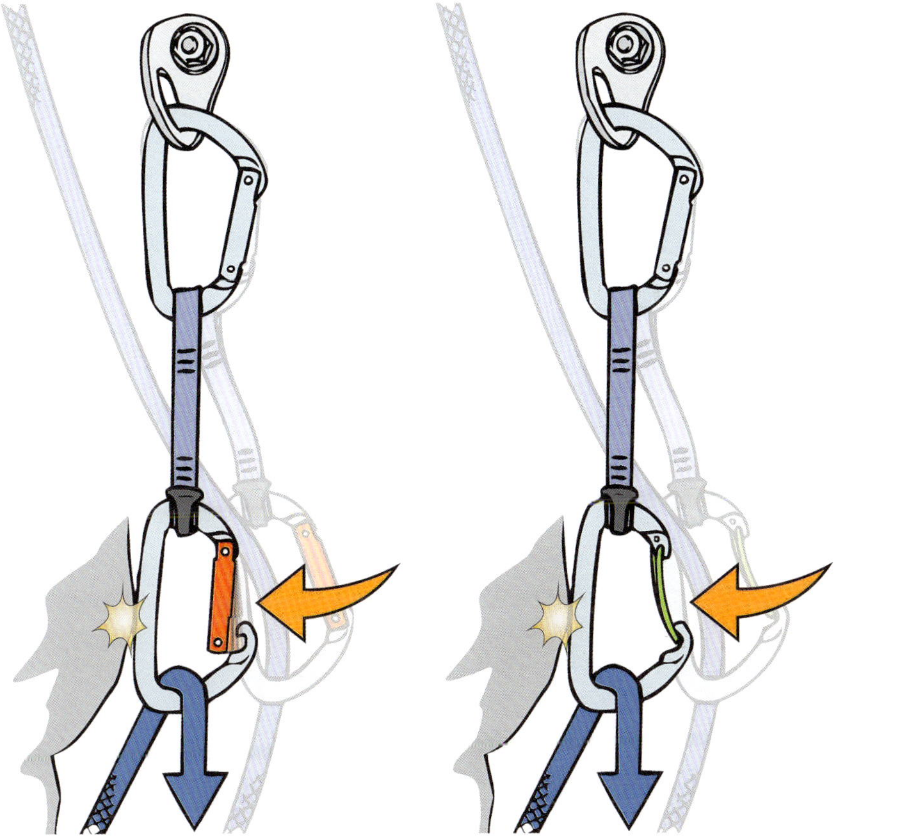

撞击问题及其后果，可以通过使用钢丝门单锁进行预防

像管门单锁那样锁门自动打开的情况。这很重要，因为锁门打开后抗拉强度会显著降低，锁具更容易断裂。为了防止这种情况的发生，也为了保持更强的抗拉能力，锁具的承重至少要大于20 kN。不推荐使用低于这种抗拉强度的主锁。

勘定：快挂看起来应该是怎样的？

- 两把单锁：一把直门锁，另外一把是弯门锁。
- 应保证两把锁没有扭曲受力或横向受力。
- 锁具的承重不小于8 kN。
- 有时需要配合使用带有Keylock型锁鼻或相关保护系统的主锁，但通常不会将其悬挂在挂片上。例如，在陡峭的线路上回收器材时。
- 锁具尺寸应当和手的大小相匹配，也就是说大手需要使用带有大开口锁门的快挂，这样食指在挂快挂时就不会卡在绳索和锁门之间了。

带锁定装置的主锁

主锁主要是起保护作用，有时候也会被用于连接绳索和顶绳。封闭式主锁可以防止绳索意外脱出。需要注意的是，带锁扣的主锁只是原则上起到保护作用，毕竟世界上没有哪一个安全系统能做到百分之百的安全。

带锁扣的主锁又分为具有较高安全性的主锁和带有一定不确定性的主锁（丝扣锁和扭锁）。认真规范地操作安全锁具，是一切安全保障的根本。此外，自锁系统（如扭锁）和非自锁系统（如丝扣锁）之间也存在区别。这听起来有些复杂，对吗？但它实际上并不复杂！下表很好地说明了这一点。

主锁类型

	具有较高安全性的主锁	带有一定不确定性的主锁
自锁	球形自动锁	扭锁
非自锁	DMM Belay Master、旋转球形锁和卡扣锁	丝扣锁

带锁定装置的主锁是如何运作的？

- 当主锁正常关闭时，安全锁定系统可以有效地防止主锁意外开启。当然，在这种情况下，你很可能会忘记将主锁的锁门锁定。DMM Belay Master这一型号的主锁（英国DMM公司生产的一种丝扣主锁，附带一个闭合部件）可以避免上述情况的发生，因为它上面有宽大的塑料扣，十分显眼。
- 自锁式主锁的安全锁定系统始终可以正常地关闭，因为它们会自行锁定。但缺点在于不能单手操作（需要一些技巧，才能像上述的安全锁定系统一样使用）。因为，在打开这种主锁时，需要同时按下并转动锁门，即“推动”和“旋转”，通常来说这个缺点并不太突出。
- DMM Belay Master、球形自动锁（Petzl厂家）和卡扣锁属于所谓的安全锁，安全锁被公认为目前最好的可以防止意外打开的保护锁。不幸的是，在一些意外事故中发现，一部分带有推转模式的主锁与老旧的主锁一样都很容易被打开，因此要格外注意。

总之，主锁的锁定系统越安全，效果就越好，同时操作也就越复杂。对于一般的室内攀岩来说，你应该选用安全的主锁。当在自然岩壁上攀岩时（特别是多绳距结组攀岩路线），则使用非自锁式或需手动拧紧的主锁。

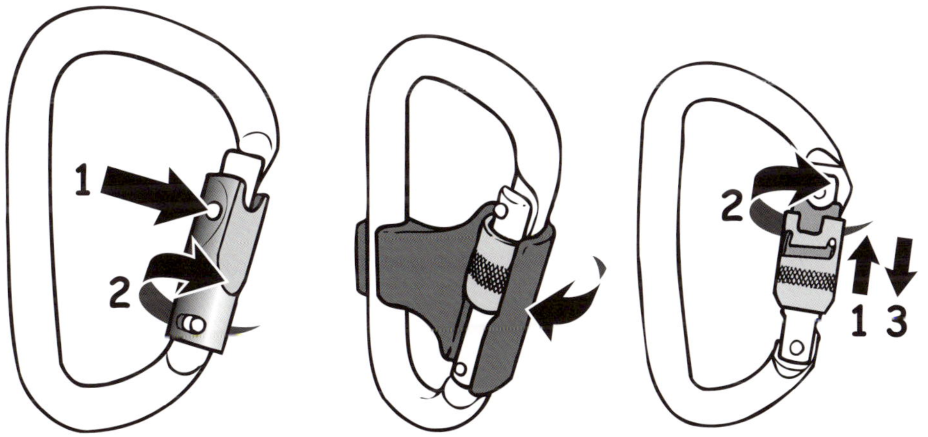

球形自动锁、DMM Belay Master和卡扣锁均为安全锁

德国登山协会建议

定期检查所有主锁的侧梁、边缘及两端，仔细观察。尤其注意因磨损产生的一些极小的毛边，因为它可能会损坏攀岩绳。

关于非自锁式的主锁要注意什么？

- 黄铜丝扣套：如果使用丝扣锁，则最好使用螺纹长且平顺的黄铜丝扣套设计。因为，与铝制套相比，黄铜的重量大，且更顺滑，易于操作。
- 锁死标记：用不同颜色标记来表示主锁是否拧紧，在视觉上更易于辨认。

主锁打开的可能性

- 同伴互检：在开始攀登之前，同伴间要不断互相检查。一定要确保主锁是正常关闭的。
- 反复检查：注意，即使是锁定的丝扣主锁也不意味着绝对的安全。绳索的摩擦或震动，也可能会使锁定的主锁打开。因此，丝扣一定要非常小心地拧紧，谨慎地使用，宁可过于频繁地检查也不能有一点马虎。
- 松散的绳索纤维：带有毛糙外表的老旧、膨胀的绳索尤其危险，个别绳索纤维会钩住锁门的尖锐边缘，使得主锁意外打开。

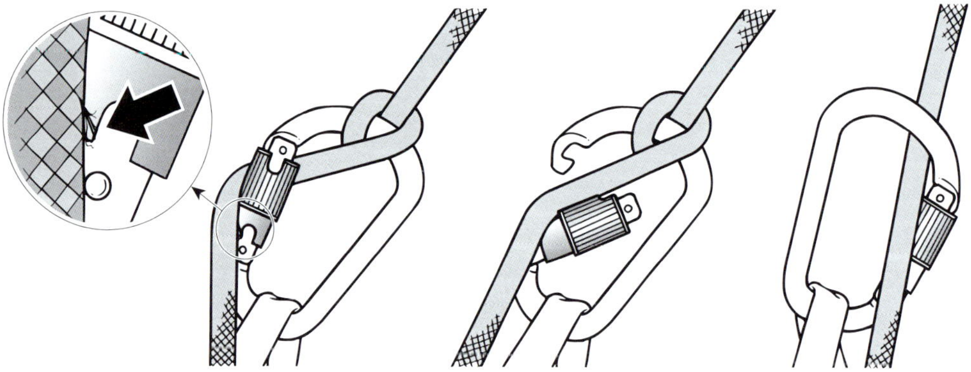

带锁定装置的主锁意外打开

保护装置

保护装置有两种类型：一种是手动制动保护器，如意大利半扣、8字环与管式保护器；另一种则是半自锁保护器，如GriGri保护器及其他的半自锁保护器。第一类设备需要手动操作去给制动装置施加压力，而半自锁保护器很像汽车的安全带，正常情况下，一旦攀岩者坠落，它就会锁死并让下坠的攀岩者制动。

制动速度

所有保护器的工作原理都是利用器械与绳索产生的摩擦力制动。能产生多大的摩擦力，取决于保护者的姿态、握力，绳索的表层材质和绳索直径。相同的是，无论使用哪种保护器，在坠落制动时都会有一部分绳子在制动效果发生前通过保护器，从而引起攀岩者的继续下落。使用半自锁保护器时这种造成继续下落的绳子长度很短，而在使用手动制动保护器时——正如它的名字一样，视具体情况而定，有时候很长，有时候很短。

攀岩者都应该知道，随着攀岩绳索滑动速度的增加，手会因难以承受摩擦产生的灼烧感而松开制动绳端，导致坠落安全事故。虽然攀岩者往往不习惯使用手套，但是皮手套在这种情况下十分有用。

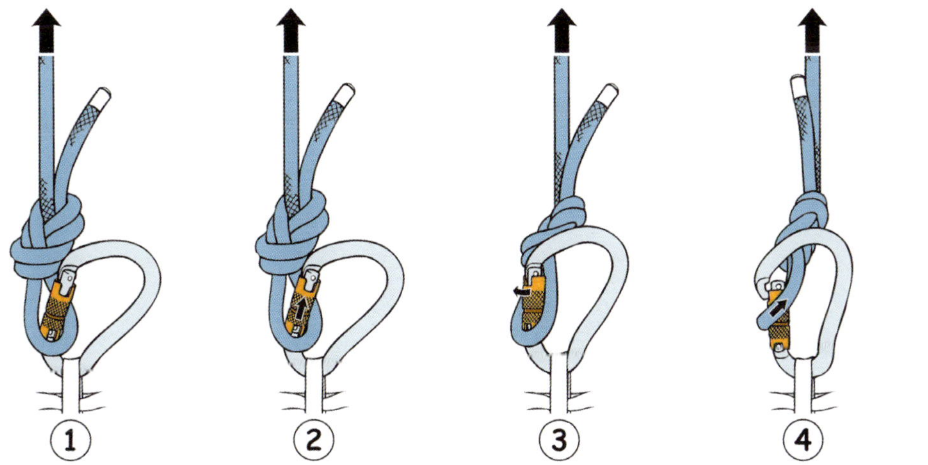

意外脱出的绳索

将绳子从右向左绕一圈

将前边的绳索向后折至绳圈顶部

扣入两根绳索

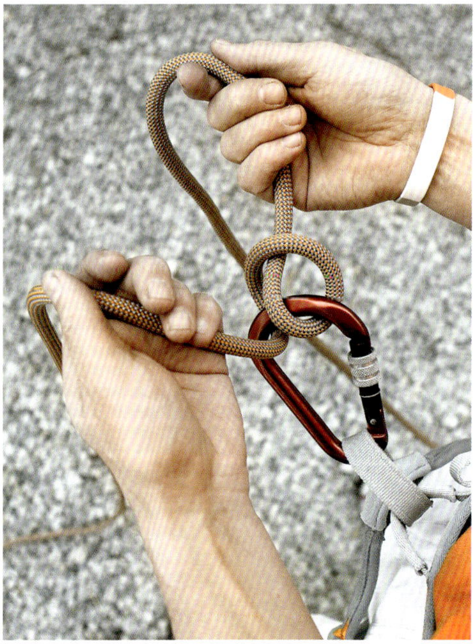

闭合锁具后，双手应手心朝上握住绳索两端

现在生产的攀岩主绳直径越来越小，所以使用绳索时应尤其注意：新买的绳索和旧的保护器是否可以配套使用；再比如，使用一条新的、直径为9 mm的单绳时，攀岩者需要施加比往常大的制动力，才能安全地沿绳索下降。

以上及其他相关例子表明，发生危险事故的主要原因在于错误操作，而不在于装备故障。这种趋势在未来会越来越明显。特别是半自锁保护器有时会给予攀岩者错误的安全感。但事实上，攀岩者的粗心操作往往会导致意外的发生。

动态保护装置

意大利半扣保护

意大利半扣与主锁可组成最简单的保护装置。需要的工具有梨形主锁和攀岩主绳。其余样式的主锁不适用意大利半扣。

- 适用：丝扣主锁，磁力自锁主锁。
- 不适用：扭动式自锁主锁，DMM Belay Master。

把绳索挂入意大利半扣主锁

把意大利半扣主锁挂入保护环，制动手位于没有锁门的一侧。意大利半扣应进行“一字排列”。这意味着，制动绳端从主锁的底部穿出，或在意大利半扣翻转后，引导绳端（保护者抓握的绳索一端）从主锁的顶部穿出（参见第44页的图片）。仍然使用扭动式自锁主锁的人，应该放弃使用这种主锁。因为这类主锁非常容易意外打开。如果绳索摩擦锁门使其转动1/4圈，主锁就会意外打开！

8字环

8字环作为攀岩运动的安全装置，在攀岩运动训练中一直备受德国登山协会青睐，不过现在也逐渐退居二线。

但如仍需使用8字环则必须注意：

如果用8字环进行保护与下降，请使用与保护环平行安装的连接锁！

为什么呢？装置非倾斜安装加上正确连接绳索，可以使操作更加方便。这样装配也可以防止主锁的过度磨损（仅需要0.8 kN的力就会造成磨损），这就带来了持久的安全性保证。但也要根据8字环的大小和形状选配合适的主锁以及绳索！

德国登山协会——小技巧

为了减少对8字环环内壁的磨损，使用时应通过插入塑料板固定8字环（参见第20页的图片）。8字环和塑料板可以一起购买。

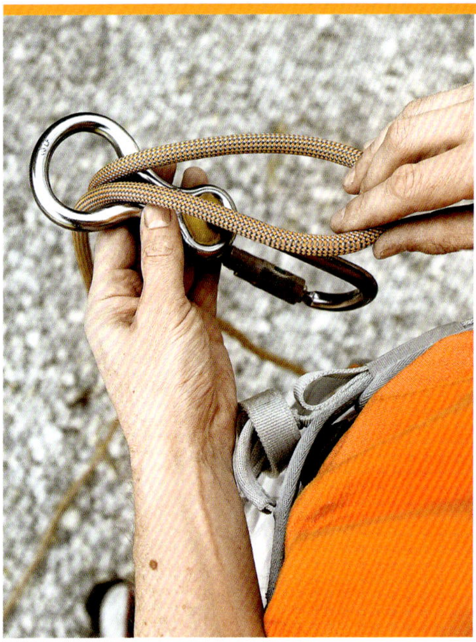

将绳子对折穿入8字环上较大的扣眼，沿8字环颈部套紧固定

把主锁挂入腹部安全带和腿部吊带，在8字环较小的扣眼处，塑料板清晰可见

将锁门锁好，保持制动手在下方

管式保护器

尽管不算是一个新想法，我们还是花了些时间才认识到：以穿孔摩擦原理为基础的管式保护器，是目前应用最广的一种用来保护攀岩者的方式。管式保护器的前身是一个简易的穿孔板，也就是所谓的“猪鼻保护器”（一种保护器，基本形状为有两条细长缝的长板）。尽管基本原理没有改变，但保护器的结构设计得到了显著的改善。例如，由一个板变成了一个管式系统。

如果使用得当，如今的管式保护器不仅能有效地制动，而且几乎不会磨损绳索。此外，该原理很容易理解，且设备便于操作。当你想要使用管式保护器时，首先要注意其能否与新的、细的绳索结合使用，从而获得一个现代化的、制动良好的保护系统。如ATC-XP和带V形制动槽的REVERSO 3都可以满足大多数攀岩者的需求。

握力小的人如果想要保护比自己重的同伴，可以优先使用管式保护器，这样可以把他们的力量发挥到最大。在一个管式保护器上挂入两把平行的主锁可以显著提高制动性能（参见第81页上图）。

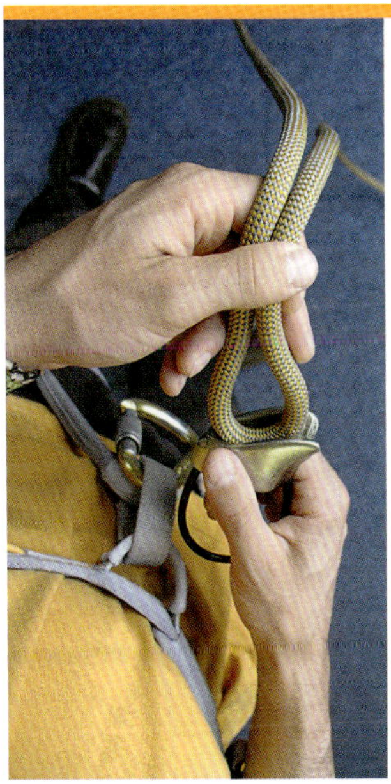

绳索穿过管式保护器

主锁穿过绳索和钢丝环

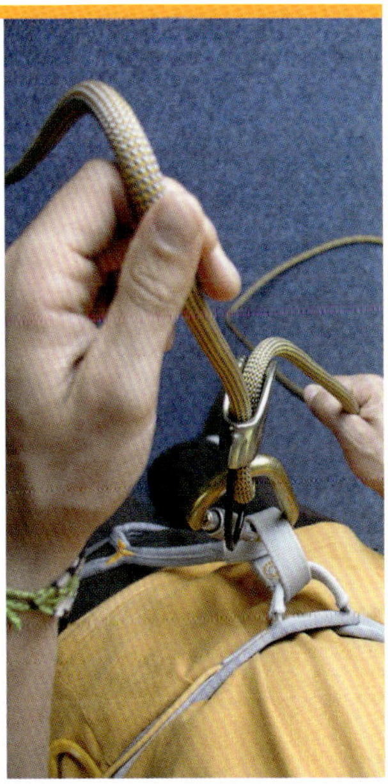

锁上主锁，制动手位于下方

半自锁保护器

德国登山协会安全研究的测试和观察结果表明：在所有半自锁保护器的锁定过程中，都极易出现错误操作。正确的和错误的操作之间只有细微差别。我们可以分析得出造成错误操作的原因：每个攀岩者都倾向于简化设备的操作流程，以便快速地收紧或给出绳索。而在攀岩活动中，使用绳索又是极其常见的事。但是，只有合适的、快捷的使用方式才能消除或者至少减少操作错误。

使用半自锁保护器进行攀岩安全保护时，一定要确保绳索直径和保护器匹配。尤其是直径在9 mm以内的超细单绳，会让部分半自锁保护器的自锁功能失效。面对这种情况，一定要留意装备说明书中的相关数据说明并遵守建议。

制造商为其生产的半自锁保护器所规定的绳索直径范围如下。

- GriGri（Petzl）: 9.7 ~ 11 mm。
- Click Up（CT）: 9.0 ~ 10.5 mm。
- Smart（Mammut）: 8.9 ~ 10.5 mm。
- Mega Jul（Edelrid）: 7.8 ~ 10.5 mm。

GriGri：正确连接绳索

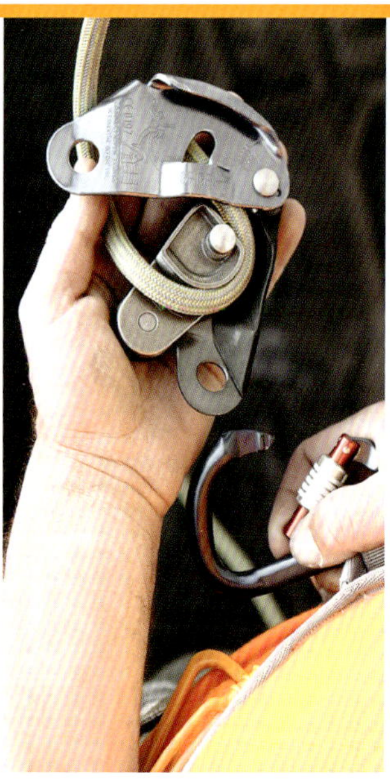

关闭装置并连接主锁

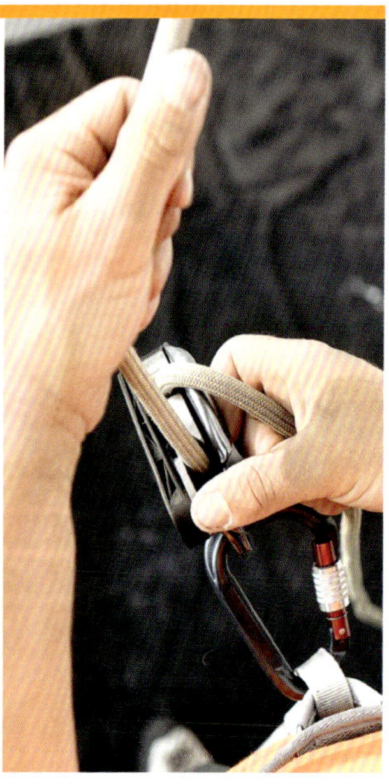

锁定主锁锁门并正确进行给绳操作

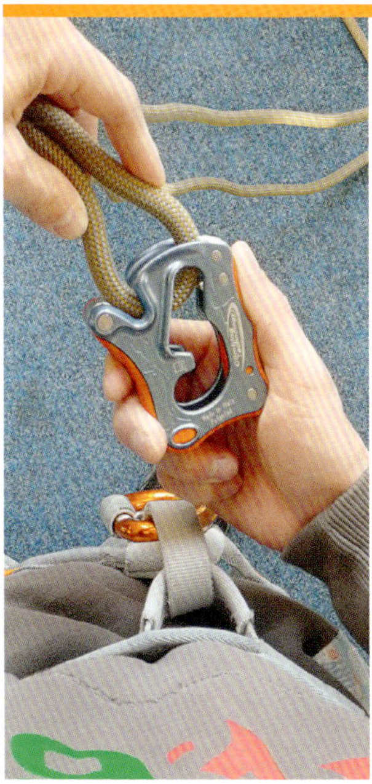

ClickUp：正确插入绳索

将保护器和绳索扣入主锁

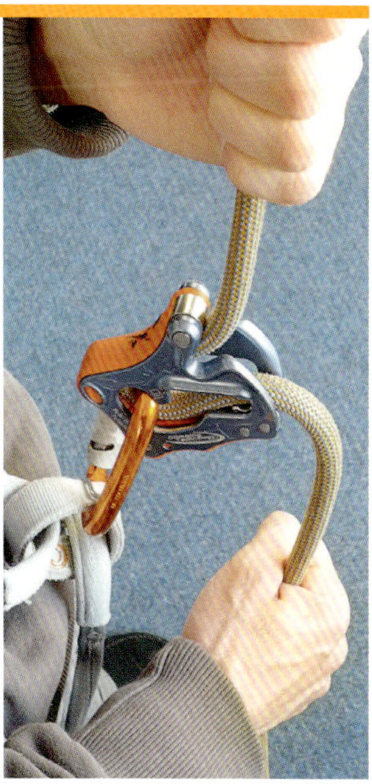

关闭锁门

Smart：正确插入绳索

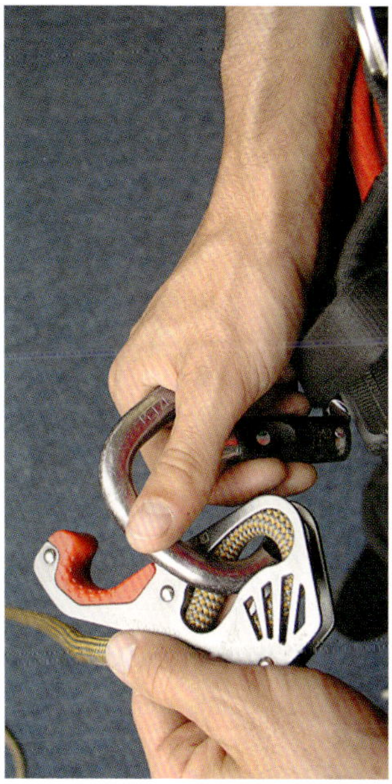

将保护器和绳索扣入主锁

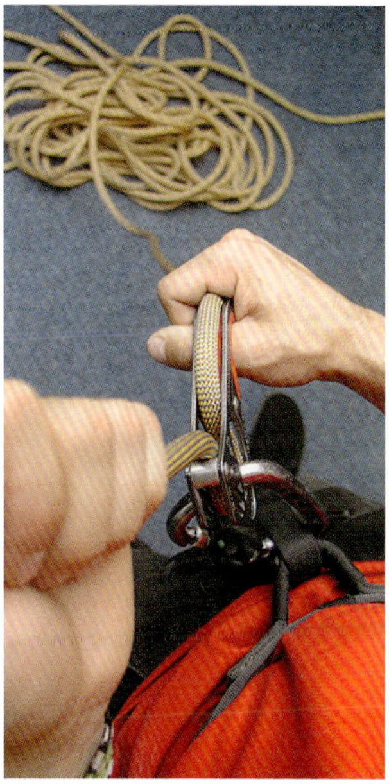

关闭锁门

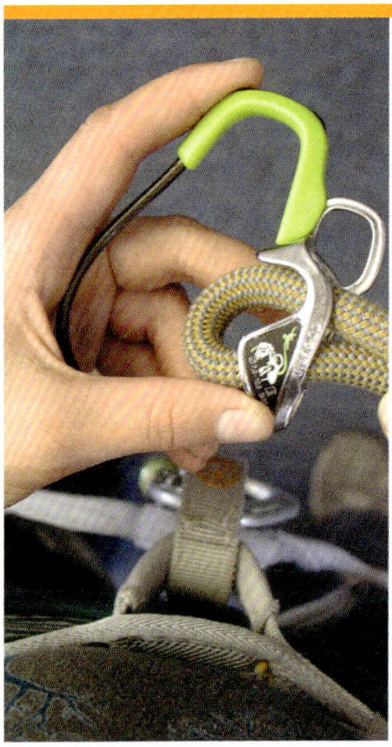

Mega Jul：正确插入绳索

将保护器和绳索扣入主锁

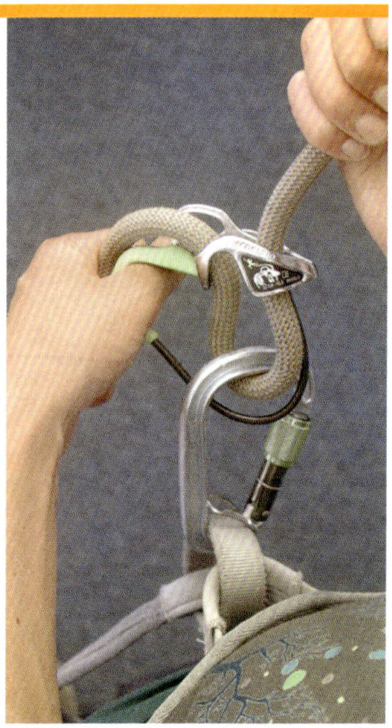

关闭锁门

攀岩鞋和镁粉

攀岩鞋是能影响到攀岩表现的最重要的装备之一。它是脚与岩石之间的唯一介质，合适的攀岩鞋有助于减轻攀爬时手臂的负担。

魔术贴还是鞋带?

系带鞋通常比带有魔术贴的鞋子更耐用，更贴合脚部。魔术贴的数量越少，鞋面重叠部分越小，穿着就越舒适。

但同时，魔术贴面积越大，可调节的精度和范围就越大。使用魔术贴的攀岩鞋可以更快地穿上或脱下。

舒适和弓起

攀岩鞋既要舒适又要能精准踩点。然而，舒适度和运动表现性能却是对立的，一双稍紧的鞋是攀岩的必备装备。尽管如此，每一位攀岩者还是可以在一定范围内自行决定想要的舒适度和运动表现性能。选择舒适度和运动表现性能的关键之一就是鞋的弓起，即攀岩鞋中底采用橡胶材质，从脚跟上方延伸至跖骨区域，以增加脚趾区域的压力。这对提升攀岩成绩的作用很显著，只是一双弓起紧绷的鞋一点也不舒服。在这种情况下，同样重要的是弓起的弧度和鞋跟形状之间的相互作用（参见第26页左图）。通常弓起越多对跟腱的压力越大，由此会产生相应的压力点和炎症问题。

魔术贴（尼龙搭扣）v.s 鞋带

合适的鞋型

理想的情况下，鞋内是没有多余空间的，也就是说，制造商的鞋子模型与你的脚型非常接近。商店里鞋的种类越丰富、越全面越好。初学者必须多花时间用于选购合适的鞋子。

鞋底厚度与支撑

鞋底越薄，脚部对岩壁的感觉越敏感。这是一个优势，因为你能感觉到脚下的岩石，感觉到自己的站立情况。但是缺点在于鞋底容易磨损。当然，如果你能够接受攀岩鞋底易磨损的事实，也推荐你使用鞋底较薄的攀岩鞋。但对于初学者来说，建议使用鞋底较厚的攀岩鞋，因为穿着鞋底较薄的攀岩鞋攀岩需要攀岩者具有更大的脚趾力量和高超的踩点技术。但是，如果只在人工岩壁上攀爬，会对鞋产生过于严重的磨损，以至于使用鞋底较薄的攀岩鞋不够经济。

镁粉

在攀岩时，只有很少一部分人不使用镁粉，他们甚至宣称使用镁粉的行为是“作弊行为”。无论如何，镁粉通常都是登山者的基本装备之一。装有镁粉的袋子最好固定在腰后，镁粉袋应能容纳整只手放入。

人们关于最佳镁粉的选择问题有不同看法。如，有人认为块状镁粉可以防止不必要的浪费。然而，许多攀岩者认为，块状镁粉不能使手指充分地沾满镁粉。

弓起的攀岩鞋

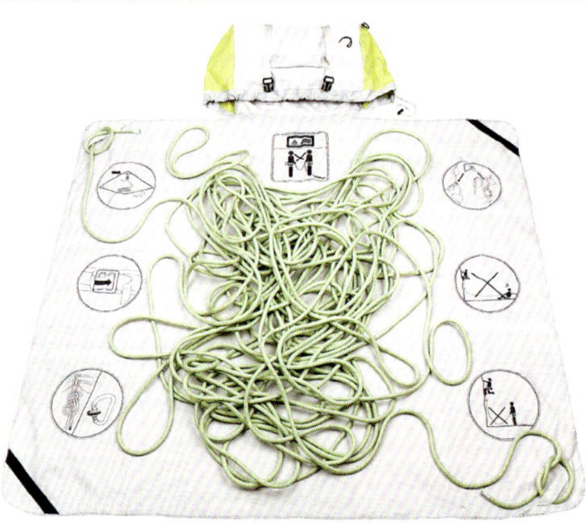

带有安全警示的大容量绳包

另一方面，粉球可以有效避免镁粉的浪费。然而，许多攀岩者对于粉球的出粉量并不满意。粉球是否能减少攀岩馆空气中的悬浮颗粒物还尚存争议。液态镁粉是固态镁粉的替代品。它不会产生灰尘并且使用时可以使手指保持干燥，适合攀石运动。

另外，对于追求运动成绩的攀岩爱好者而言，他们会携带另一个小配件：刷子。有了它，攀岩者就能将支点清理干净，不需要一直使用镁粉。这同样增加了抓握的摩擦力。一般来说，攀岩者还是需要使用一些镁粉，但也请不要过度使用它。

室内人工岩壁攀岩装备清单

建议使用以下初学者所必需的装备。

- 安全带。
- 主锁。
- 保护器。
- 主绳（每组攀岩者一根）。
- 绳包（每组攀岩者一个）。
- 攀岩鞋。
- 镁粉袋。
- 粉球。
- 5~8把快挂，具体数目取决于高度和攀登设施类型（可选）。

顶绳攀登——攀岩第一步

借助顶部保护的顶绳攀登对于很多人来说是踏入攀岩世界的开始。保护者在进行安全保障工作时，通常只需要在攀岩者坠落时通过保护器及时制动住绳子，最后通过保护器放绳使攀岩者安全着陆。初次尝试的攀岩者不用害怕会坠落，因为你的保护者会不断地从上方拉紧绳子。当然，攀岩时的高度和危险性对于攀岩者而言是完全陌生的。但是在几个小时的练习后，攀岩者的攀岩动作和保护者的保护动作通常会变得更加熟练，而在实际攀岩运动中，攀岩者的注意力更加集中，乐趣也就由此产生了。

在本章中，你将学习：

- 如何连接绳索。
- 互检的工作原理。
- 安全技术的基础知识及保护器的功能和操作方法。

连接绳索

你可以选择打结的方式，将攀岩绳索和安全带牢牢地绑在一起。只有在顶绳攀登的特殊情况下——只有在那时！——才有可能使用主锁来连接攀岩绳索和安全带。

绳索和坐式安全带的绑定

建议使用这两种绳结直接进行绑定：

- 8字结(这是我们推荐的标准结)。
- 双布林结。

无论你如何打结以及使用哪种结，打完结之后绳头应当剩余至少10 cm的长度。除此之外，在开始攀岩之前必须把结收紧。

通常采用两种绑定方式：第一种方式是将绳索穿过下方攀登环并进一步穿过上方攀登环，然后平行于安全带上的保护环进行打结连接；第二种方式是直接将绳索穿过保护环进行捆绑连接。

将绳索平行于保护环捆绑，可以使绳索和安全带连接得更为牢固。另外，由于绳结孔眼的尺寸不同，你可以根据个人的需求，调整两个攀登环之间的松紧度。

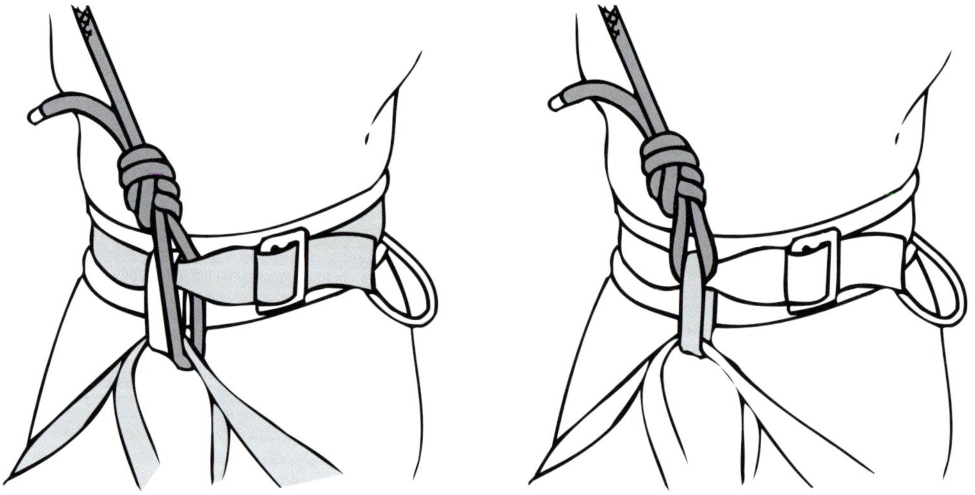

两种方式都可以使用：左边是将绳索连接在上下攀登环上，右边是直接将绳索连接在保护环上

如果你选择了直接通过主锁连接绳索和安全带的保护环，上述优点也就不复存在了，但比起第一种方式，这种方法更易操作。这两种方式对于攀登环的磨损程度没有差别，但直接连接攀登环能适用于更多的攀岩场合，例如频繁发生冲坠的攀岩等。

将绳索穿过上下攀登环并平行于保护环捆绑有两个优点。首先，攀岩者可控制的范围更大。其次，在顶绳保护下降时，人体重心得以更好地分配，尤其是在大仰角岩壁上。结论：这两种方法都具有安全性，但将绳索穿过上下攀登环并平行于保护环捆绑更具优势。

标准结：使用8字结

8字结是连接绳索时使用的基本绳结。建议可以使用8字结来进行攀岩绳索连接。它的优点是不需要额外的固定结，并且8字结简单且容易互检。缺点是在冲坠后拉紧的8字结很难解开，你可以通过揉捏来解开这样的结。在攀岩过程中重要的是确保每个绳结一直紧紧地连接着，直到攀岩结束。如果由于分心或疏忽而忘记这一点，最坏的情况就是绳结在反复负重下松散开。多位知名攀岩者的事故案例证明这绝非危言耸听，这种可能性是真实存在的。

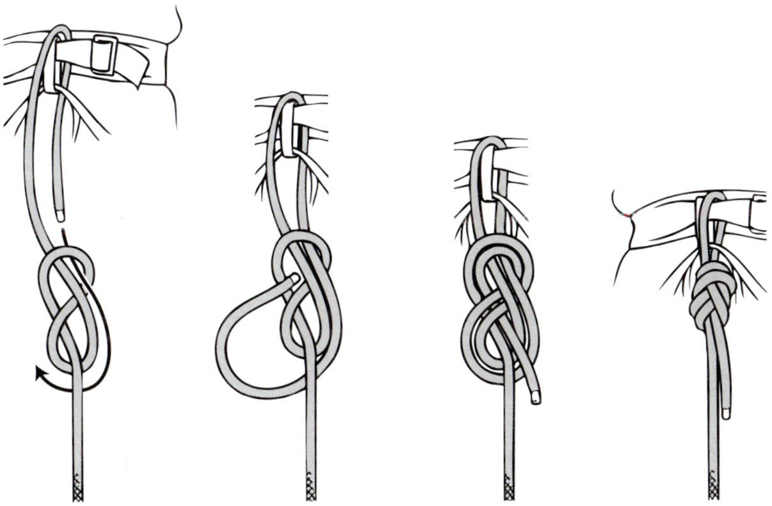

使用8字结进行绳索连接

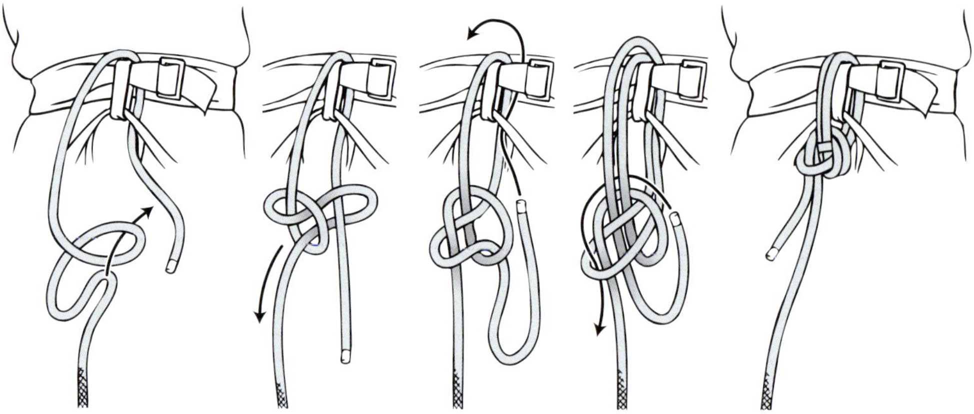

使用双布林结进行绳索连接

左边为双布林结，右边为8字结

针对进阶者：使用双布林结

双布林结是针对经常冲坠的攀岩者而出现的绳结。在受到大拉力之后，双布林结容易解开且足够安全。只需将其简单打结（参见第32页上图），理论上便结实耐用。但是双布林结不适合与主绳连接，因为在有环形负重的情况下，双布林结容易松动。

双布林结可作为初学者的备选绳结。学习此结虽比8字结耗时耗力，但仍是值得的，因为此结的上述优点足以弥补此缺点。

德国登山协会建议

定期检查上下攀登环的磨损情况，尤其是借用他人装备时。随着使用时间和使用频次的增加，绳索和保护环产生的摩擦力会对攀登环造成磨损！最终可能会导致其断裂。

系绳练习

打绳结是攀岩者的重要知识技能，这项技能应当被熟练掌握。以下若干练习将帮助你轻松掌握系绳方法：

- 用单手给自己系绳。
- 闭眼给自己系绳。
- 将绳放置于身体背后系绳。再用单手尝试此动作。
- 为你的攀岩同伴正确系绳（同样闭着眼睛）。
- 戴着手套给自己系绳（先戴一只手套系绳，之后再戴两只）。
- 给系绳动作设定时间限制，并计时。
- 用慢动作给自己系绳。
- 使用不同的绳索（粗绳、细绳、旧绳、新绳、光滑的绳……）。
- 口头解释每一个要点。
- 绘制出系绳动作。
- 找出有误的绳结。
- 解开拉紧的绳结。
- 反复练习在保护环和攀登环处的系绳动作。

使用主锁的绳索连接

正如前文所述，各攀岩场馆的设计理念截然不同，其中既有单纯的顶绳攀登场馆，也有完全是先锋攀登设施的场馆。各场馆都普遍设置了涵盖所有难度等级的线路。

而这些与系绳有何关系？答案很简单：在固定安装好绳索的顶绳攀登区内，尽管有人建议你直接将绳索系在身上，但你仍会使用主锁连接安全带和绳索。以下为在安全技术层面可行的五种使用主锁的连接方式（参见第35页的图片）：

1. 两把锁门方向相反、其他完全相同的快挂单锁。

2. 丝扣主锁与快挂单锁。

3. 带有保护装置且无自动上锁系统的主锁（例如DMM Belay Master）。

4. 带有保护装置且有自动上锁系统的主锁（例如Petzl厂家生产的球形自动锁）。

5. 两把锁门方向相反、其他完全相同的丝扣主锁。

正如顶绳攀登区的多样化，其攀登组织方式也是不尽相同的。在有些地方，用胶带将绳结的绳尾粘在一起，而在有些地方，则用束带将其绑在一起，绳的一端固定在岩壁上。

以下两种方法可将顶绳攀登绳正确装配。

- 开放式系统：在绳尾处打非常紧实的绳结。用锁具将绳结与安全带连接起来（参见第35页的图片）。
- 封闭式系统：为防止绳索脱出，可将绳尾固定在一起。连接安全带时可使用主锁或相应的绳结（参见第34页的图片）。

已备好绳索的顶绳攀登固定点

两把相对悬挂的单锁

一把单锁和一把丝扣锁

有固定护板的主锁

球形自动锁

两把相对悬挂的丝扣锁

采用胸式安全带

胸式安全带在以前十分常见，但现在，人们却很少见到穿戴胸式安全带的攀岩者。这是为什么呢？很长一段时间以来，人们认为，仅仅使用坐式安全带极有可能造成严重的脊椎损伤。现在人们了解到：拥有冲坠经验的攀岩者可以不再使用胸式安全带。

是否搭配使用胸式安全带的效果实际上是相同的。但对于6岁以下的儿童与超重者却是例外，如果他们仅使用坐式安全带，在倒立悬垂时，将会面临从安全带中滑出的危险。因为儿童的身体重心位置较高，所以建议他们将胸式安全带和坐式安全带搭配使用，组合后的安全带也叫作组合安全带。

我们将胸式安全带与坐式安全带用绳索系在一起，便形成一个悬挂点。其目的是让攀岩者坐在坐式安全带上，同时胸式安全带可防止上半身向后倾斜。悬挂着的上半身应与垂直方向成大约45°倾斜。请注意，不可以单独使用胸式安全带，这

采用全身式安全带与胸式和坐式组合安全带悬挂

会造成非常严重的安全事故！

与胸式安全带直接连接

为了不使用其他附加器材就能与胸式和坐式安全带连接，本书提供了一些直接连接的方法。

- 在坐式安全带上用一个单结和一段长绳尾进行连接。暂时不要拉紧这个绳结。
- 随后将剩下的这段长绳尾穿过胸式安全带的保护环，再重新穿过单结。
- 绕着单结绳圈上的一根绳，打一个与绳结尽量齐平的绳尾结。

8字形扁带连接

当你不想弃用胸式安全带，同时必须用主锁与顶绳建立连接，那么只能选择用8字形扁带进行连接。

8字形扁带是由尼龙材质的扁带用料制成，配有三段色标丝线，打开的总长应有1.5 m。

- 将8字形扁带穿过保护环（或上下攀登环），并用一个单结结成第一个环。这个绳结应位于肚脐与胸骨之间。
- 然后将绳尾穿过胸式安全带的环，并用单结结成第二个环。
- 将整个系统按顺序拉紧，并注意预留较长绳尾。
- 先钩入或绑入位于下方的扁带环。也就是说主锁或绳索先穿过8字形扁带的下环，再穿过上环。

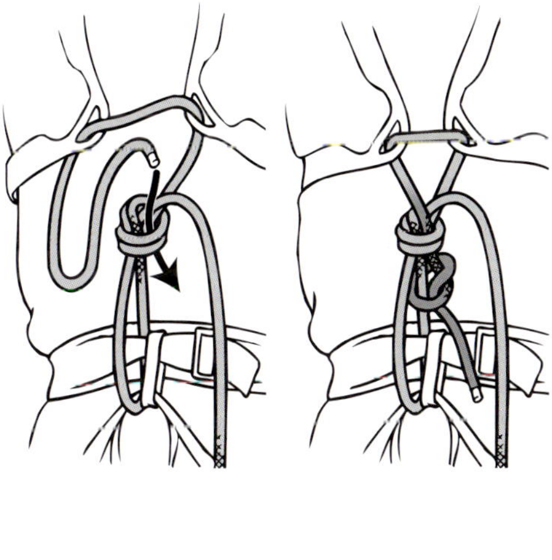

胸式和坐式安全带仅用攀岩绳连接

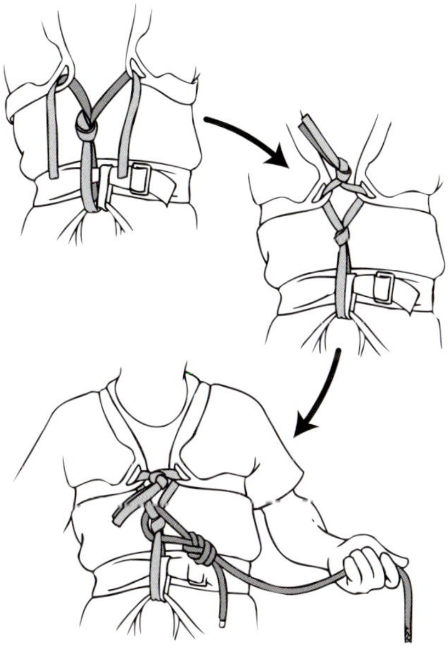

胸式和坐式安全带用8字形扁带连接

同伴互检

为什么需要同伴互检呢？工作开始前完成检查清单的任务，这在很多行业都是惯例。无论是宇航员、飞行员还是火车司机，错误往往会造成严重后果，所以我们必须要互相检查，把这种处事方法视为必要的行为。在攀岩时，如果同伴由于错误使用保护器而坠落，这是谁都不愿意看到的事故。尽管如此，人们还是会在系绳索的时候闲聊，比如，约定周末攀岩的碰面处、和附近的人搭讪等。

避免枯燥的例行程序

当涉及简单但与安全相关的程序时，如结绳、关闭锁门等，例行程序往往更难实施。我们大多数人都能回忆起生活或攀爬的情形，在这些情况下更细心和注意力更集中可以避免危险的发生。因此，在每次开始攀登前，我们都应与同伴互检。毕竟，两个人比一个人关注到的更多。

在起点处的三角警告标志

同伴互检是取得德国登山协会攀岩证书考核中的重要部分，也可以说是获得证书的“门票”。如前所述，这与攀岩安全标准的设定密切相关。

相互关照，友善地提醒对方，不正是我们攀岩文化中所提倡的吗？相信每个人都会赞同并积极践行。

同伴互检清单（德国登山协会攀岩证书考核要求）

攀岩同伴之间应对彼此的安全负责。因此，在攀登之前，双方应互相检查，最好始终保持同一顺序。

安全带穿戴

正确穿戴并锁好安全带（位于髋部上方），请谨遵使用说明！

绳结和结绳点

无论是保护环还是上下攀登环，绳索总是与安全带直接相连。绳结（8字结或双布林结）要正确系好并拉紧，绳头剩余至少10 cm，大小合适的绳圈位于结绳点。在特殊情况下如需要下方牵拉导向操作，顶绳攀登者的保护环上也要同时扣上一把自锁安全锁。

主锁和保护器

绳索是否正确连接保护器。

保护器是否正确挂在安全带的保护环上。

主锁是否锁好。

绳尾打结

绳索末端打结或固定在绳包上。即使路线短，也要遵循这个原则！注意绳索长度是否足够让攀岩者在顶绳保护下降时回到地面。

最重要的几点

在每次攀登之前都按照清单从头到尾地检查一遍是不现实的。一个两小时不间断攀登的人，不必每次都重新检查同伴的安全带，但是绳结必须每次检查。室内攀岩的同伴互检中最关键的点在于绳结、安全带与绳索的连接，绳索是否正确放置在保护器中以及保护器是否正确固定在安全带上。

第一步是检查安全带是否扣好

由于一次冲坠，保护者被从地面拉起并撞到墙。如果保护者经过训练，这个过程是不会出现问题的

保护

一个打算完成更高难度操作的攀岩者，难免会发生坠落。如果他的安全措施做得很好，一切都没有问题。身体从墙上坠落，绳索从中继保护点释放并开始拉长。此时地面上的保护者双腿弯曲，手握制动绳端，在绳索拉力最强时，从地面上被拉起。当攀岩者轻轻用脚蹬墙来缓冲时，保护者可能会被拉离地面，这听起来不是很危险，对吗？

如何保证安全冲坠？

为了避免误解，我们需要解释一些专业概念。

绳索在保护器中有两个运行方向：一个是朝向攀岩者，另一个是朝向地面的剩余绳索。后者是制动绳端，由制动手控制。引导手操作绳索另一端，即负重绳端，也就是攀岩者所在的绳索端。在冲坠时，保护者受到的力称为冲坠拉力。相反，作用在攀岩者身上的力叫作冲击力。冲坠拉力与冲击力的大小不同！绳索在顶部或快挂内的摩擦力越大，两力大小的差别越大。这种效果可以使我们更容易拉住悬挂的同伴并对冲坠者进行制动，从而轻松、安全地保护同伴。但是要注意，过大的摩擦力也有严重的缺点！顶绳攀登时，为抵抗摩擦阻力，需要用力拉紧绳索，这会很耗费体力。先锋攀登时，较大的摩擦力会导致保护者难以对攀登者进行动态缓冲保护。冲坠者可能会直接撞击岩壁，导致受伤。

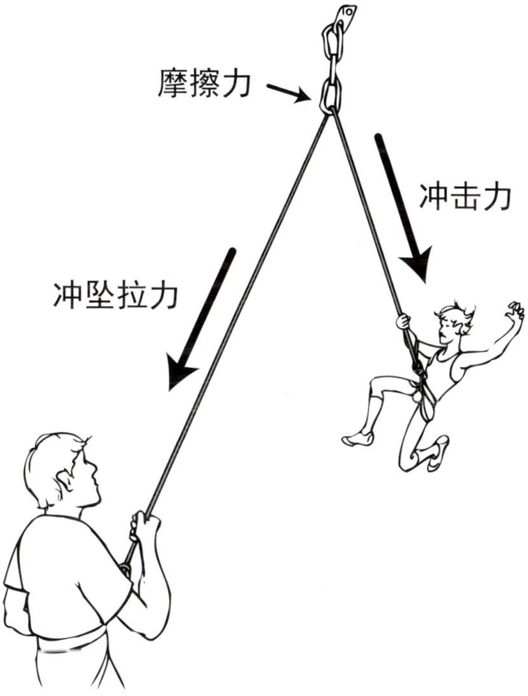

攀岩者坠落时在中继保护点产生的摩擦力

别担心，一般的攀岩历程并不是以先锋攀登开始的。新手通常会用顶绳保护的攀岩方式开始第一步。但是，无论绳索是来自上方还是下方，制动手永远不能放开制动绳端。否则会有坠落的危险！

三脚架原理

瑞士安全专家瓦尔特·布列奇吉研究证明，为了确保功能正常发挥，保护器的使用及操作需满足三个条件：

- 保护器的操作应符合相关说明规定。
- 熟悉保护器的制动原理！
- 始终握住绳索的制动端！

条件反射

这里主要说的是抓握反射。当一个人受到惊吓时，他的四肢会条件反射般地向内收缩，并攥紧手中的东西，防止其掉落，也就是说人始终具有避免身体陷入危险的本能。在使用保护器时通常会出现各种状况。如有疑虑，请选择与抓握反射更加适配的操作方式。本书中提出的操作建议也与这方面有关。

因此，保护器在一开始设计时就应该符合人体反射原理。

不幸的是，事实上有时候条件反射的行为会导致保护器的错误操作。至少使用者要知道相应的设备和导致错误的原因，以便能够谨慎行事。

这里有一个例子：

使用GriGri保护器降下攀岩者时，要适度地控制下降控制杆以获得合理的下降速度。如果保护者在此期间感到害怕，根据正常的身体反应，他通常会更加用力地拉动下降控制杆。而一旦拉动就会导致攀岩者快速下落，这会让保护者由于紧张而继续拉动下降控制杆，恐惧也随之增大。最终保护者由于无法忍受摩擦产生的高温，制动手会松开绳索……

这一系列的错误动作将导致攀岩者坠落至地面的恶性事故。为了打破这一恶性循环，保护者应当松开下降控制杆，紧握制动绳。

在危急情况下，放开一些东西的确完全不符合我们与生俱来的行为模式。但一些安全装备的设计原理却恰恰相反，只有放手才能发挥安全保障的作用。

我们要做些什么呢？

培养新的危机意识，了解问题并勤加练习正确的操作！

制动装置

为了安全地使用保护器，必须正确地运用制动装置。这意味着一方面，绳索要正确地装配进保护器；另一方面，制动手要始终放在正确的位置。

尤其在半自锁保护器中，绳索很容易放错。而绳索被错误地放入保护器中通常会导致制动装置完全失效。

按照“弯折原理”，在使用管式保护器和8字环时，绳索缠绕形成的环的半径很小。为了在冲坠时获取尽可能大的制动力，制动绳要尽可能与拉力方向成180°。错误的制动手位置会导致制动装置失灵（在使用管式保护器时）或出现制动力不足的情况（在使用8字环时）。

半自锁保护器（如Smart、Click Up和Mega Jul）尽管拥有锁定功能，但是这个功能只在制动手势正确时才发挥作用。半自锁保护器的基础制动原理与管式保护器的类似，使用时绳索的拉出过程也与使用管式保护器时一样，如果制动手的位置过高，和保护器高度相同或超过保护器高度，会导致攀岩者在冲坠时保护器的制动机制失效（参见第113页）。

使用管式保护器时制动手的正确位置

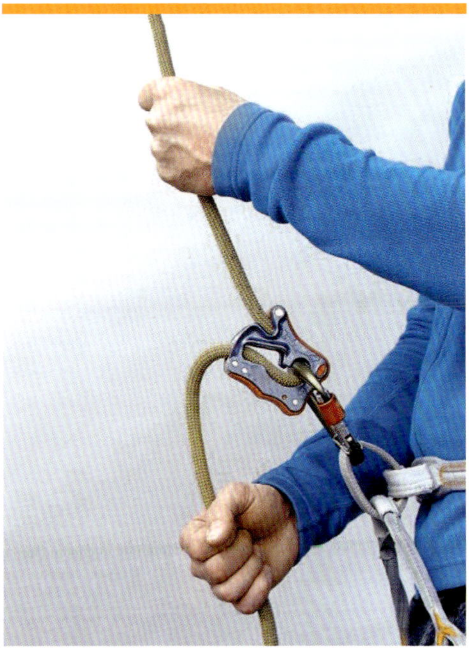

使用Click Up保护器时制动手的正确位置

你可以在第43页和本页下方的插图中看到制动手在各种保护器上的正确位置。

制动手原理

任何时候至少有一只手要抓住制动绳端！并且，制动手要尽可能一直保持住这个动作。这种做法同样适用于半自锁保护器！特别是在使用较细的新绳索时，可能会出现顶部的摩擦力较大或者拉力较小（例如，针对儿童或体重较轻的攀岩者）的情况，这时必须有一只手要握住制动绳端，因为在这种情况下，缺少能触发保护器自锁机制的猛拉效应。

如果没有抓住制动绳端，上述情况及其他突发状况都可能导致半自锁保护器失效！

顶绳攀登的安全保护

成为攀岩大师的第一步肯定是顶绳攀登。

顶绳攀登的前提条件：

- 在攀登前要选择与攀岩者体重相差较小的保护者（参见第46页，体重差）。
- 正确的绳索连接。
- 正确的保护器装配。
- 可控的顶绳保护下降。

使用意大利半扣时制动手的正确位置1

使用意大利半扣时制动手的正确位置2

起始位置

攀岩者将绳索与安全带连接好并站在地面上，绳索应从地面穿过攀登线路的顶点，然后再回到地面。

1. 绳索连接保护器，将绳索穿过保护器并将保护器扣好。

2. 同伴互检。

3. 保护者选择一个最佳保护位置（参见第46页）并收紧绳索。

4. 攀岩者开始攀爬，而保护者此时应当适当收紧绳索。之后，随着攀岩者攀爬高度的不断上升，绳索渐渐地也就不需要拉得太紧，因为这时发生绳索具有延展性导致攀岩者坠落到地面的事故的可能性几乎为零。

5. 如果攀岩者已经到达顶部位置或想要下降，他会与保护者进行交流，发出“收紧！”指令。

6. 保护者退后一步，尽可能地拉紧绳索。

7.攀岩者感觉到绳索受力后，坐在安全带上。然后发出“下降！”指令。

8. 保护者双手抓住制动绳端（仅适用于非自锁保护器）帮助攀岩者以缓慢均匀的速度下降。

顶绳攀登绳索的悬挂装配

进行顶绳攀登的先决条件是有已经安装好的顶绳。在你开始攀爬之前，请确保顶绳已经由至少两把锁具固定。

这样做是因为器材失效会导致可怕的后果（例如攀岩者直接坠落），而使用两个独立的系统更为妥当。攀岩者们将其称为“备份保护”，其技术术语为“冗余”。

特别是出于以下两点考虑，应当安装两把锁具。首先，其中一把锁具不能拆下检查和更换。当然，在一般情况下人工岩壁攀岩者不必担心这一点，因为攀岩馆的工作人员会对此负责。其次，绳索不能意外脱出。因此，在大多数室内攀岩馆中，顶点处都会设置两个锁门相对放置的锁具。将两把锁都挂上，便是创造了“冗余”。

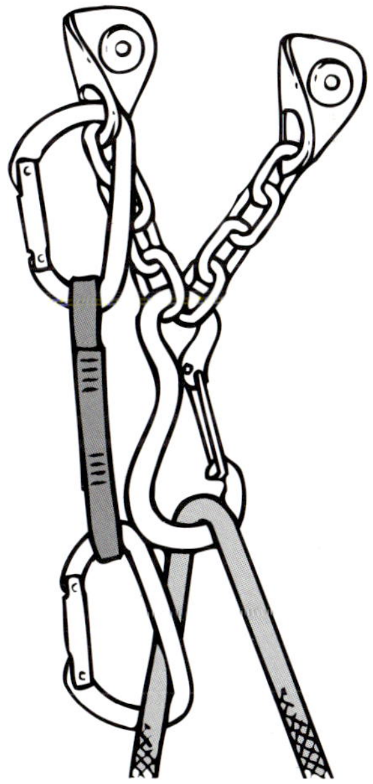

悬挂着两把锁具的顶（设有备份保护或冗余的顶）

体重差

通常，保护器会装配在安全带的保护环上。在这种情况下，我们称之为直接保护，这意味着，保护者是利用自身体重来保护攀岩者。

如果攀岩者比保护者更重并且从岩壁坠落会发生什么？依据体重差的大小，保护者也需要用不同大小的力为攀岩者提供动态保护。因此，攀岩者的体重超过保护者的体重越多，则越危险。在最糟糕的情况下，攀岩者会从岩壁上直接坠落到地面！在顶绳攀登中，攀岩者的体重至多为保护者体重的1.5倍！

保护者的自我保护

补救措施是保护者的一种自我保护方式，例如可以用一个在许多攀岩馆都能买到的沙袋来进行配重补救。由于空间限制，在攀岩馆中并不总是能够在固定点安装自我保护装置。

注意：地面固定点通常在攀岩墙的墙脚下，用于攀登线路的定线工作。由于它们不一定与攀岩墙的后部结构相连，因此它们不适合作为安装自我保护装置的固定点。

绳索的延展性

这是一道思考题：

攀登高度约为16 m。体重为90 kg的鲁迪从地面开始攀登。在顶绳攀登中85 kg重的彼得作为保护者来保护他。彼得紧拉绳索，防止绳索松弛。鲁迪攀登到约3 m的高度时坠落。这时会发生什么？

1.彼得站在地面上，鲁迪悬挂在1 m高处。

2.彼得悬挂在2 m高处，鲁迪躺在地面上。

3.二人都悬挂在离地面很近的地方，他们很可能只能用脚趾触碰到地面。

4.彼得站在地面上，鲁迪悬挂在2 m高处。

答案3是对的！为什么呢？因为绳索具有延展性！单绳静态延展的最大值为10%。如果鲁迪攀爬到3 m高的位置，那么当绳索收紧后，绳索两端之间的距离约为27 m。如果鲁迪在这一刻坠落，他可以在落地之前被轻微制动，因为绳索会相应地拉伸（绳索伸长约2.70 m）。结论：特别是在攀岩馆中攀登高度很高、难度很大的线路时，必须考虑坠落情况下绳索的延展性。所以在顶绳攀登的开始阶段应当拉紧绳子，防止攀岩者坠落。

顶绳攀登中保护者的位置

与攀岩者相比，保护者的体重越轻，那么保护者的位置就越为重要，合理的站位可以避免保护者在冲坠过程中被拽离地面。这在出现近地面冲坠危险并且保护器摩擦力很小时，或仅有很少的或没有快挂扣入时尤为重要。第48页的德国登山协会建议可以为攀岩者和保护者进行顶绳攀登保护提供帮助。

在冲坠模拟练习（参见第75页）和安全训练中，体重较轻的保护者会被较重的攀岩者拉起。请针对这种情况进行分步练习

德国登山协会建议

当攀岩者在顶绳保护下进行攀爬时，保护者应当站在顶点的冲坠线附近，并向左侧或右侧稍微移动一定距离（如果岩壁不是太陡峭的话），以避免绳索在攀爬过程中不断地摩擦攀岩者的身体，因为这种摩擦会令人感觉不适，尤其是在顶绳保护下降时。

用绳索的哪一端来攀登？

顶绳保护的绳索一端并不总是沿着岩壁自然垂下，也可能会穿过快挂。比如，当攀登线路非常陡峭或有交叉时，就会出现这样的情况。如果此时使用没有挂入中继保护点的绳索来进行攀岩活动，那么发生坠落时，人体的摆动幅度就会非常大。这样做十分危险，特别是在近地面摆动轨迹上有固定障碍物时。

因此，你应当使用悬挂在中继保护点上的绳索端进行攀登，在向上攀登时应当解开绳索，断开与这些中继保护点的连接，在下降时应将绳索重新扣回！

在下降时再次将绳索扣回中继保护点

下降基本技术

使用非自锁和半自锁保护器放下攀岩同伴：

1. 制动手缓慢向上，引导手同时向下握住制动端。

2. 制动手向下折叠制动绳端。

3. 制动手沿制动绳端“滑动绳索”直至保护器前。

4. 引导手“滑动”到制动绳端后部，并开始新一轮的循环。

这种下降基本技术也适用于意大利半扣保护。首先，你需要一个梨形主锁。

此外，制动绳应位于闭合主锁的主轴一侧。除了可以向上滑动绳索，还可以用双手抓住制动绳端拉紧绳索。制动手的节奏是：“拉起—折叠—下握—滑动”（参见第50页的图片）。

你可以根据自己的喜好选择一种方法。这两种方法都是正确的。

德国登山协会建议

“拉起—折叠—滑动”是下降时制动手的节奏。如果你愿意，可以将这三个词作为安全口头禅，并在放下攀岩者的时候喊出来。另一方面，意大利半扣保护装置的制动端控制的节奏是“拉起—抓握—握紧”。

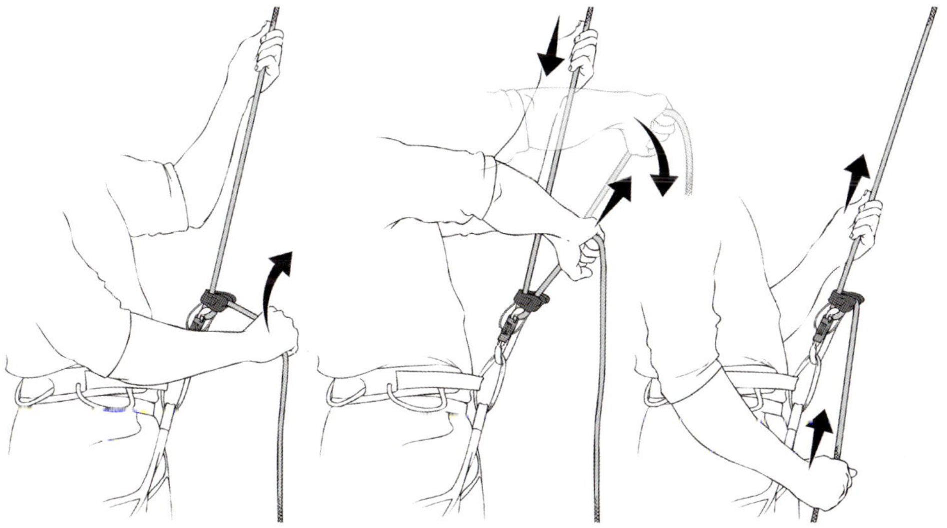

“拉起—折叠—滑动”绳索

使用意大利半扣保护装置使攀岩者下降

1. 引导手将绳索向下拽。同时制动手将绳索向上拉。

2. 引导手握住制动端。

3. 制动手抓住梨形锁顶部的制动绳端。

4. 引导手再次抓住引导绳端，重复刚才的动作。

最大攀爬高度

在顶绳攀登中，攀岩者的绳结应始终低于顶点！

这里有一个小小的假设实验：你在进行顶绳攀登，绳索的顶点锁具是开放式的锁具。现在你可以想象四种画面。

1. 顶部以下的岩壁已经攀完，身体已经离开岩壁悬在绳子上，你的同伴用保护器拉住了你，然后将你放下。虽然开放的顶部锁具让人感到有点可怕，但这并不危险。

2. 绳索已被保护者收紧而你还在向上攀爬，绳子会越来越松。此时突然的下坠会有点可怕，对吗？

3. 身前的绳索已经松弛而你仍继续攀爬到了顶部位置，此时的突然掉落会导

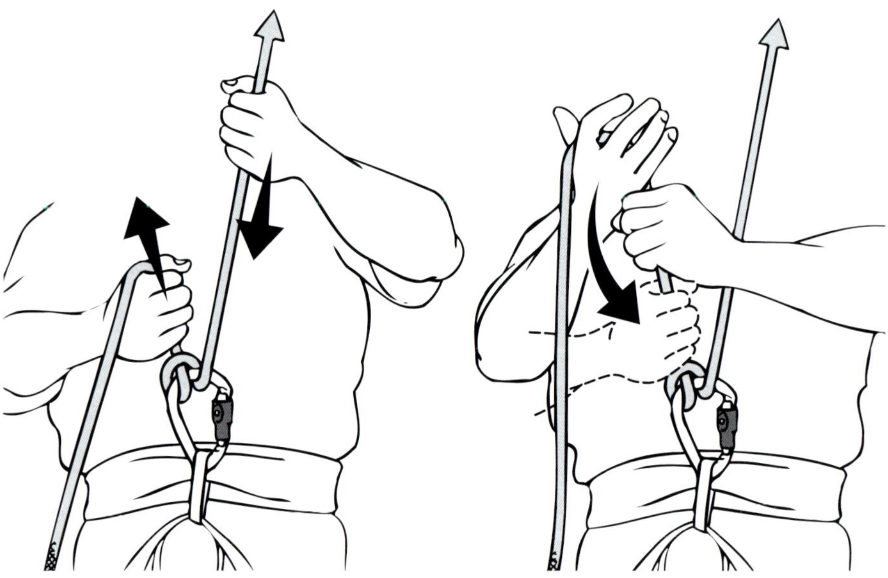

使用意大利半扣保护装置进行给绳下降可以在不折叠制动绳端的情况下实现。而其他的所有设备，都必须先将制动绳端向下折叠

致更长距离的自由落体。这样的感觉又会如何？

4. 攀爬高度超过顶部锁具时，顶绳保护其实已经失效，此时十分危险，你必须再往下攀爬，才能让绳子重新负载你的重量。

这些示例旨在说明需要采取哪些措施来避免顶绳保护失败。如使用适当的顶部锁具设置顶点（并设置备份保护！）；在攀岩过程中，攀岩者始终处于顶点下方！

使用非自锁保护器进行顶绳保护下降

这里要用到的装备是管式保护器、8字环或意大利半扣，其中管式保护器和8字环的使用手法是相同的。

基本方法

双手握住制动绳端并允许绳索从下方滑入保护器。在放绳时，最标准的操作方法是让绳子滑过你的手。当绳子滑动时用手引导绳子通过保护器，直到它开始滑过你的手。如果要停止放绳，只要再次抓住绳子就可以了。

1. 双手握住制动绳端。

2. 双手控制绳索滑动。

除了以上所描述的基本方法之外，在摩擦力较大时绳索还可以手动放入保护器。只要操作正确，以上方法都是安全的。

手动方式

1. 双手握住制动绳端。

2. 后方手发力握紧绳索，同时松开上方手。

3. 握紧制动绳端的手逐渐引导绳子穿过保护器，此时手应始终保持握紧状态。

4. 在手接触到保护器之前，用刚才松开的手握住此时绳索的下端。并重复上述动作步骤直至顶绳保护下降完成。

通过双手控制放绳

交替拉动绳索和保持

1.上方手固定制动绳端，另一只手顺绳索向下滑动。

2.从能够到的最远处开始，此时下方手握紧绳子将绳子向上送向保护器，此时上方手稍微放松保证绳索顺利通过保护器，直到双手相遇。

3.上方手再次固定制动绳，位于下方的手再次向下滑动，并重复该动作序列直至顶绳保护下降完成。

释放绳索的变形与意大利半扣保护装置

意大利半扣保护装置属于非自锁保护器装备下的一个特殊的分类，无论攀登的方向如何，意大利半扣保护装置始终有足够的制动力，这使其成为攀岩时使用的通用安全装置。

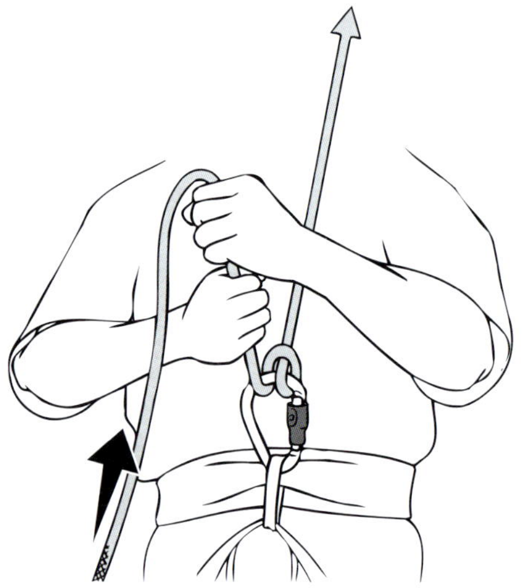

绳索从上方穿入减少了在用意大利半扣放绳期间绳索与锁门相遇的概率

然而，在顶绳攀登中不仅要注意避免绳索在梨形锁中的过度扭曲，更要避免在顶绳保护下降时绳索摩擦锁门。实际操作时如果在梨形锁上方用双手操作意大利半扣，则不太可能造成绳索与锁门的意外接触。由此可以减少绳索磨损，延长绳索的使用寿命。

1.双手握住制动绳端。

2.绳索制动端的受力方向与绳索受力端的受力方向平行且相反。

3.控制着制动绳端从手中滑过或用双手交替的方式使制动绳端通过梨形锁。

用半自锁保护器释放绳索

在放绳时，半自锁保护器的使用和其他保护器是一样的：制动手始终牢牢抓在制动绳端上。引导手必须不断引导绳索通过保护器。为此，每款半自锁保护器上都有一个专用的释放杆或操作区，如使用GriGri时可将释放杆通过引导手拉向体侧。这里强调的是，释放杆仅在放绳时使用，在进行顶绳保护操作时不需要使用它。Smart和Mega Jul的释放杆用引导手的拇指操作。在此期间引导手包裹住制动绳端。与其他半自锁保护器相比，Click Up没有释放杆，绳索将在放绳时通过旋转该装备得到释放。使用各种半自锁保护器放绳时，双手的基本位置如第54页右图所示。

通过释放绳索，绳索开始穿过保护器。释放速度由引导手操作释放杆来控制：如果持续拉动释放杆，绳索与保护器之间的摩擦将会减小，同时攀岩者向下移动的速度会加快。制动手精确控制着释放速度，如增加制动手握力会稍稍减慢向下移动的速度。

但问题依然存在，在保护者突然受到惊吓的情况下，他可能更倾向于本能地拉动释放杆，而由此导致的一切后果都与他想要的完全相反。半自锁保护器的放绳事故反复验证了这一点。这时我们要做些什么呢？

- 熟悉你的设备！
- 有意识地了解条件反射行为！
- 你需要特别小心细且光滑的绳索，因为绳索和系绳装置之间的摩擦力很大程度上取决于绳索的直径！
- 在制动手上戴上皮手套，可防止摩擦产生的灼烧对手造成损伤，增加主观安全感。

德国攀岩协会——小技巧

为了防止出现重大事故，将绳索打结这一方法的可行性已在课程中多次被证明。在攀爬4~5 m的距离之后，该保护者将保护器后的制动绳打结，然后在攀爬大约一半的路线之后再打一个结。通过这种方式，绳索无法完全穿过保护器，因此在坠落时可以避免因急剧下降而引发的攀岩者坠落到地面的事故（参见第53页的图片）。

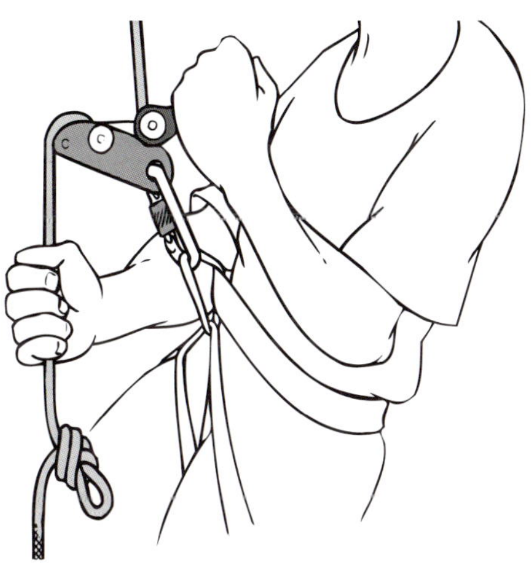

制动绳中的保障节点可防止坠落至地面的事故发生

用GriGri释放绳索

GriGri上的释放杆就像汽车油门一样！施加的拉动力度越大意味着下降速度越快。制动手感知速度，引导手通过调节施加在释放杆上的力度来控制下降速度。只有在绳索处于被控制的状态下并穿过保护器时才可以打开释放杆！制动绳端应通过金属槽口按说明方向穿进保护器中。

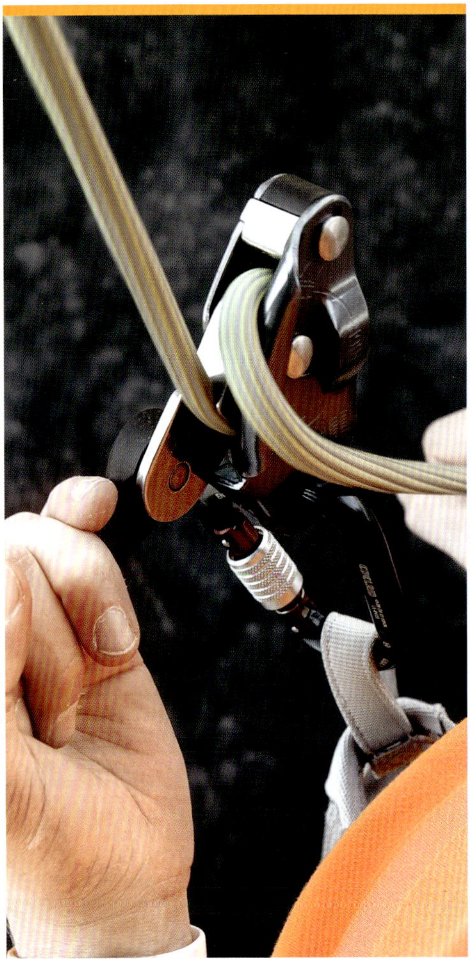

拉动GriGri上的释放杆

用Click Up释放绳索

握住手中的制动绳端，将另一只手的拇指放至保护器的下端。现在施加压力并向前推动旋转保护器。绳索松动时，你可以用制动手控制它。可以用制动手感知下降速度，调节拇指施加压力的大小来控制下降速度。

用拇指向下按压Click Up

用Mega Jul释放绳索

用双手握住制动绳端，上方手的拇指穿过保护器前端的释放环。用拇指将释放杆推离身体，让绳索从手中滑过。下降速度由制动手的施力情况和保护器的角度决定。

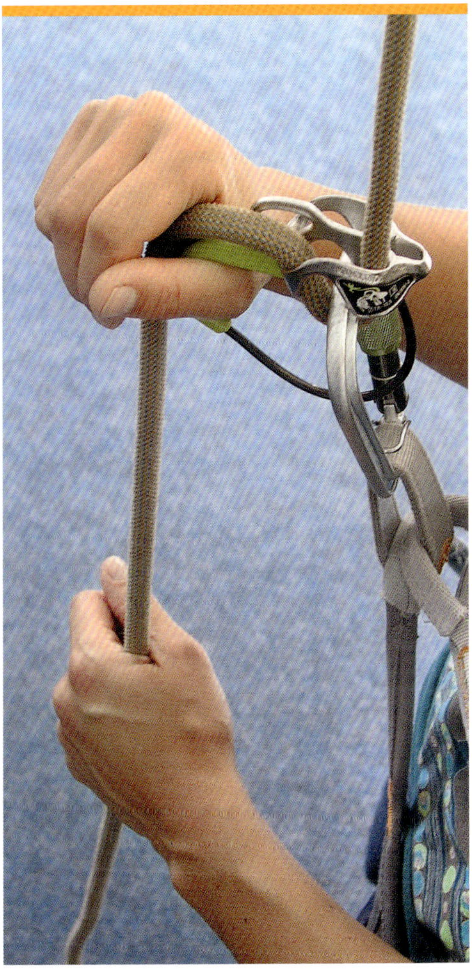

在使用Mega Jul的过程中将释放杆推离身体

用Smart释放绳索

双手握住制动绳端和前端的释放杆。通过推释放杆来释放绳索。确保制动绳端始终在红色引导通道里并且不会从中脱出。

推动Smart上的释放杆

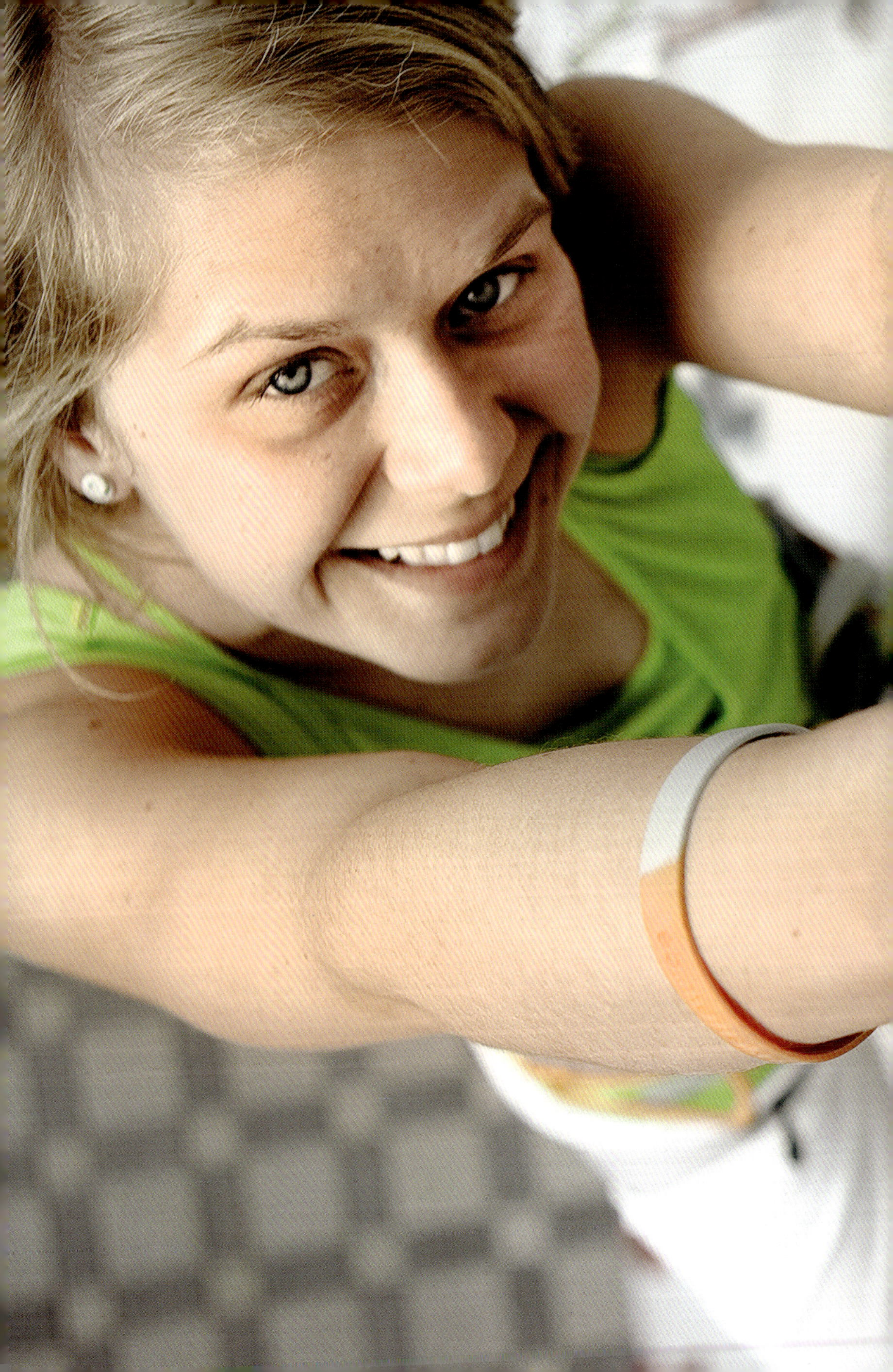

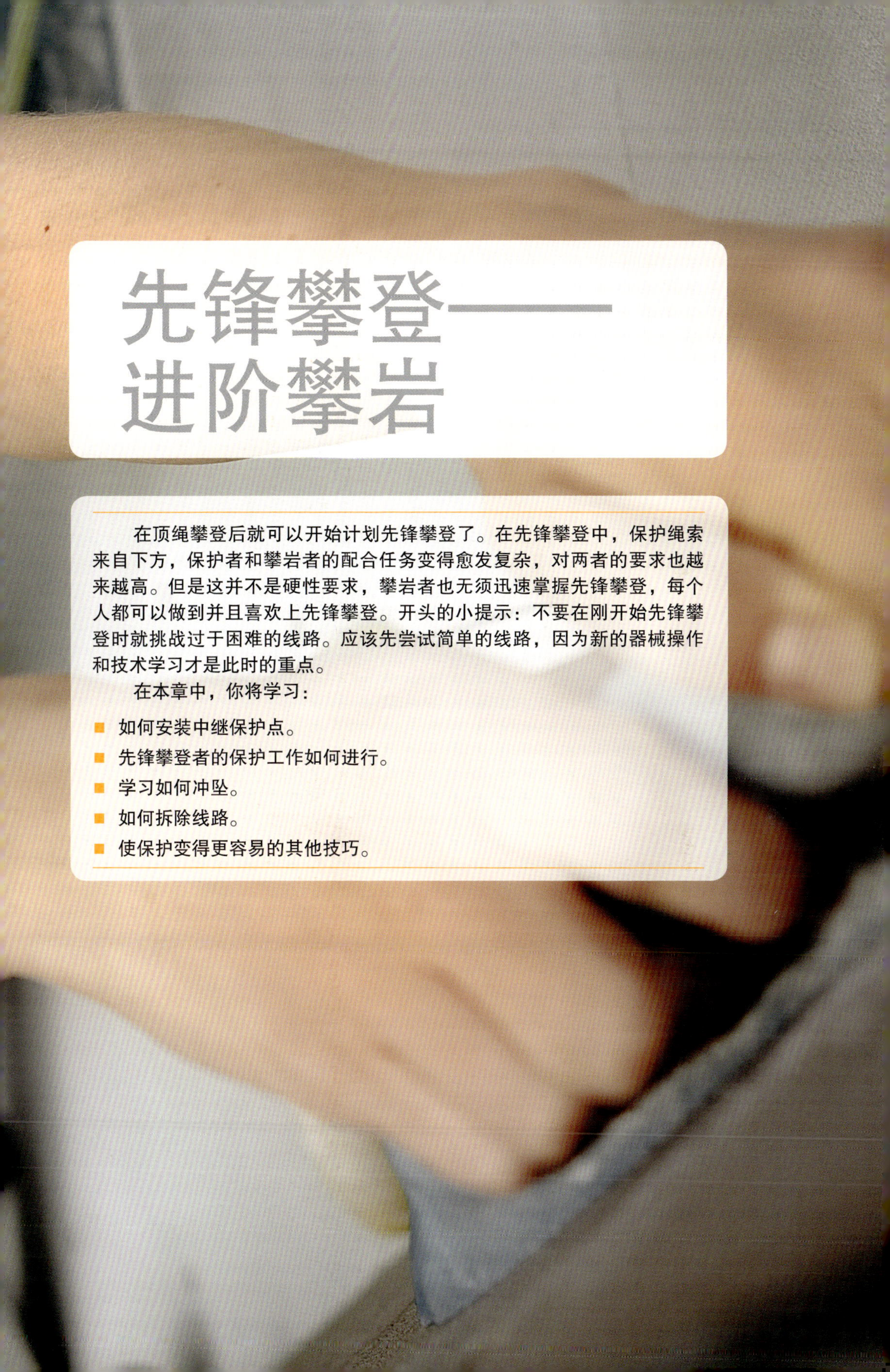

先锋攀登——进阶攀岩

在顶绳攀登后就可以开始计划先锋攀登了。在先锋攀登中，保护绳索来自下方，保护者和攀岩者的配合任务变得愈发复杂，对两者的要求也越来越高。但是这并不是硬性要求，攀岩者也无须迅速掌握先锋攀登，每个人都可以做到并且喜欢上先锋攀登。开头的小提示：不要在刚开始先锋攀登时就挑战过于困难的线路。应该先尝试简单的线路，因为新的器械操作和技术学习才是此时的重点。

在本章中，你将学习：

- 如何安装中继保护点。
- 先锋攀登者的保护工作如何进行。
- 学习如何冲坠。
- 如何拆除线路。
- 使保护变得更容易的其他技巧。

先锋攀登

我们现在处于进阶阶段。先锋攀登意味着上方没有顶绳的保护。系着绳索的攀岩者现在必须自己亲自把绳索挂到岩壁的中继保护点上。

先锋攀登和顶绳攀登相比，最大的特点在于即使是在1~8 m（室内攀岩馆内）的安全距离下，攀岩者也可能发生冲坠。保护者出现失误会迅速增加冲坠的距离，因此保护者与先锋攀登者之间的配合非常重要。

冲坠距离增加

究竟怎样进行先锋攀登？由于绳索没有事先被悬挂在顶环上，因此每隔一段距离就会设有一个中继保护点（人工岩壁上中继保护点的距离间隔为1~2 m），以保护先锋攀登者不会发生坠落到地面的事故。

具体来说，它看起来是这样的：如果在攀岩者的安全带连接结到达第一把快挂上方0.5 m处时发生冲坠，冲坠距离共计1 m。如果在攀岩者的安全带连接结到达最后一把快挂上方1 m处时发生冲坠，则冲坠距离至少为2 m。由于预留缓冲给绳，主绳带有延展性，保护器上的绳索滑动和保护者的身体移动等因素，冲坠距离通常比预想的更长。

起初这似乎很危险——当保护者没有全神贯注时的确如此。因为上述的因素实际上可能会导致出人意料的危险冲坠。但请注意，此时我们甚至还没有提到最困难的任务：保护者如何给绳以及先锋攀登者何时将绳索扣入快挂。

因此，先锋攀登者和保护者需要大量练习先锋攀登和先锋攀登保护。

先锋攀登的前提条件

- 保护者和先锋攀登者的体重差不能太大。
- 正确穿戴安全带和连接绳索。
- 将绳索正确地装入保护器。
- 同伴互检。
- 在稳定、安全的位置单手快速挂入快挂。
- 保护者应正确处理绳索，特别是在快速给绳和收绳时。必须始终有一只手握住制动绳端！
- 绳索与身体的位置关系正确。
- 在所有涉及安全的节点进行良好、正确的沟通。
- 顶绳保护下降应该可控。

最长的冲坠距离——在挂快挂时出现无缓冲冲坠

体重比必须合适

在先锋攀登时，保护者和先锋攀登者之间的体重差不能像顶绳攀登时那么大！根据情况和安全要求，先锋攀登者的体重应当不超过保护者的1.2倍。因此，一位体重为60 kg的保护者可以保护一位体重约72 kg的先锋攀登者。如果体重差较大，则必须采取其他预防措施（参见第74页，用自我保护技术保障安全）。

绳索准备

先锋攀登的准备工作与顶绳攀登的准备工作是相同的。除此之外，还需要增加绳索的检查与准备工作，这样才能确保在给绳操作时不会出现问题。

快速有效地挂快挂非常重要

非常重要的是，绳索上不能有绳结，而且绳索位于地面上，可始终使用绳索右端进行攀爬。而地面上乱作一团的绳索在保护过程中可能会造成重大问题。

将绳索挂入中继保护点

如果你已经尝试过先锋攀登，那你一定知道：在攀岩时你的内心一直在不停地打怵。岩壁仰角越大，力量消耗得就越快。所以攀岩者必须加快动作，这时你的大脑可能已经无法清晰地思考，动作也不能像之前一样精细。因此，在先锋攀登中更为重要的是，应当熟练掌握将绳索扣入中继保护点的各个细节！我们每个人都需要清楚一件事：根据中继保护点的位置，当正在悬挂所需的绳索时坠落，最坏的情况可能是攀岩者直接坠落到地面！从第一个到第五个中继保护点都存在这样的风险，这一点经常会被人们忽略。

冲坠距离和快挂位置

在挂快挂时应当优先考虑位置是否合适。首先，因为这往往是先锋攀登中最棘手的事情，其次，先锋攀登者拉出很长的绳索，一直到拉出的绳长足够扣入下一个中继保护点为止，冲坠距离都在持续增加。

因此，扣入绳索应该在稳固的位置完成，攀岩者应当快速且有效地完成此操作。

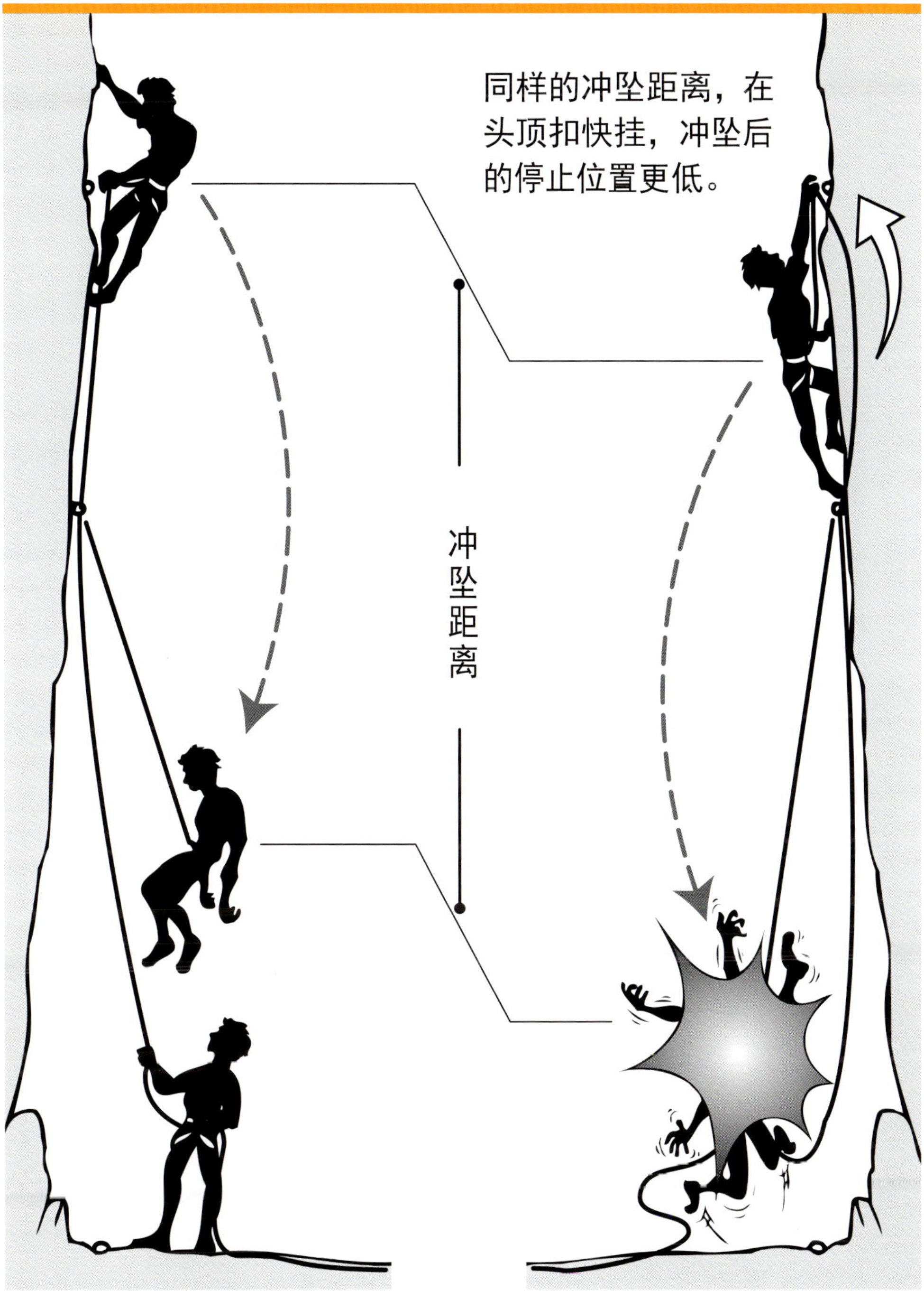

在腰胯高度和头顶扣快挂的差异

提前或者延后挂绳

室内攀岩馆中的线路使用螺母将支点固定在任意位置，在合适的位置安置支点，可以使攀岩者们很顺利地挂绳。当然，情况并非总是如此。如果没有较好的挂绳支点，那我们要考虑一下，是否要提前或延后挂入快挂？让我们惊讶的是：想象一下，假设相邻挂片之间的间距为1 m。如果我想扣入再下一把快挂，那么在此时的挂片高度上，我还必须拉出2 m长的绳子。

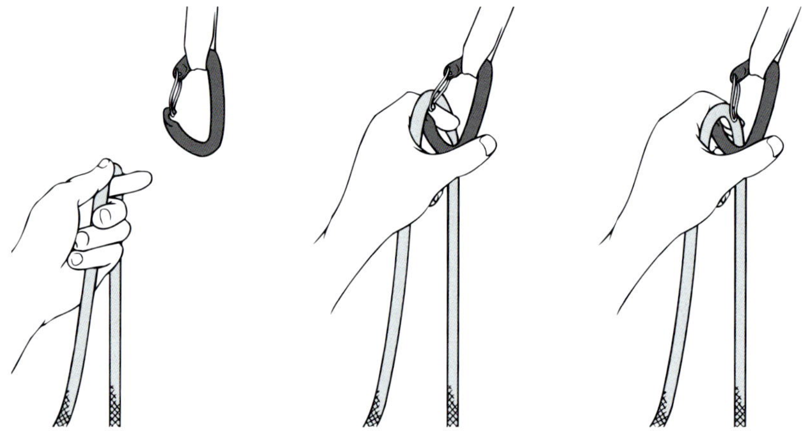

挂绳方法1：用拇指和食指固定弯门锁

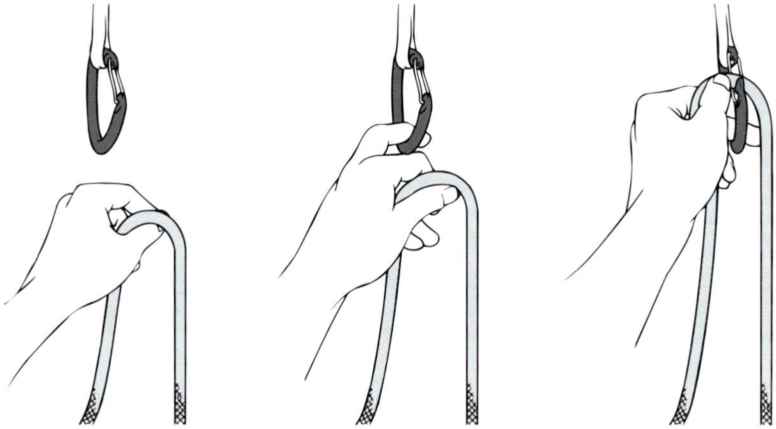

挂绳方法2：用中指固定弯门锁

而如果我已经位于快挂的高度，就不必再拉出那么多绳索了。如果在挂入绳索以前发生坠落，在这两种选择下，我会坠落到什么位置？两种情况，坠落的距离都是2 m，还需再加上预留给绳和制动距离。差异是在第一种情况下，我坠落后停住的高度会比第二种情况要低1 m。如果没有明确的安全挂绳位置，攀爬到快挂与腰胯等高时再挂绳更安全！

挂绳技术

正如前面所说：挂绳操作必须迅速且可靠地完成。并且对此有所帮助的只有：练习，练习，练习。

在你第一次攀爬之前，你应该在地面上遵循教练指导仔细地练习此操作。如果经过充分训练，那么就没有什么能阻碍你前进的第一步了。

进行挂绳操作时应该考虑什么？挂绳应在安放快挂后进行，以确保绳索不会在快挂上发生扭曲。虽然扭曲的绳索会增加快挂上的摩擦力，但此时绳索在快挂上意外脱出的危险也增加了。

绳索意外脱出多见于必须使用短扁带快挂的情况。在这种情况下将短扁带快挂挂入挂片时，你还应该注意让上方直门锁的锁门指向攀爬方向上的下一个挂片。

一个例子：如果在左侧进行挂绳操作后，下一个挂片也在线路左侧，那么短扁带快挂锁门可以选择指向右边。右侧悬挂方式则相反。如果攀爬线路竖直向上，那么此时锁门方向就不再重要了。

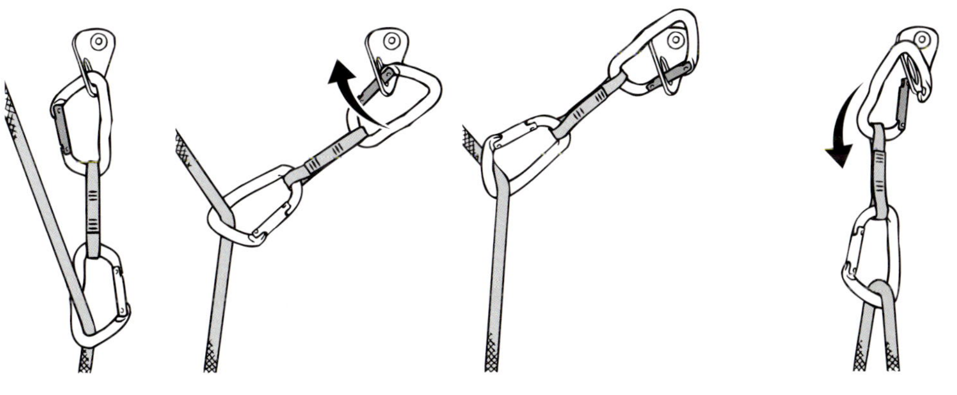

随着绳索拉动，快挂可能意外脱出

先锋攀登练习——顶绳保护下模拟挂绳练习

绳索与身体的位置关系

在攀爬时如果绳索与身体的位置关系错误，就会出现腿绕到绳索后方的情况，此时身体在坠落的过程中会发生不可控制的旋转，甚至发生头部撞击岩壁的危险事故。如果身体处于这样的位置坠落，特别是在大仰角岩壁，就会有撞击头部后侧的危险。头盔虽然可降低头部受伤的风险，但是正确处理绳索与身体的位置关系可以防止这种情况发生。

当在人工岩壁上攀爬时，身体绕入绳索的后果不如自然岩壁上严重。原因是挂片之间的距离通常非常小，而且由于线路的设定，攀岩者通常可以主动避免由于处理不当而造成的绳索与身体的位置关系错误。

然而，一旦挂片距离变大，就必须注意主动调整绳子与身体的位置关系，在

在先锋攀登时由于左腿绕到绳索后方导致身体旋转甚至撞击岩壁

人工岩壁中同样如此：如果挂片位置呈一条直线，那么位于某一个挂片上方的先锋攀登者应将连接安全带的绳索放置于双腿之间。如果下方挂片位于攀岩者左下方，则绳索应越过左腿置于左腿外侧，如果位于右下方，则绳索应越过右腿置于右脚外侧。

人工岩壁中的挂片距离较短，这通常会导致一种在自然岩壁攀岩中很难遇到的情况发生：由于快挂距离很近，先锋攀登者误将绳索先挂入了上方快挂，紧接着又挂入了原本在下方的快挂，这时先锋攀登者会发现攀岩无法继续。因为绳子从上向下对折为“之”字形，造成了上方快挂失效，而且摩擦力增大。此时只有拆除下方快挂并保留上方快挂扣入绳索，才可以继续攀岩。

当你不确定时

在攀岩过程中，同伴之间必须保持明晰的沟通，这是非常重要的基础环节。

腿部与绳索的位置关系

错误的挂绳方法以及随后出现的攀岩障碍

通过“收紧！”和“下降！”口令以及眼神交流确保攀岩者的安全

同样，备份保护原则也适用于此。例如，如果你的体力不足以使你扣入绳索继续攀登，则应发口令“收紧！”（声音信号）。同时与同伴通过眼神交流进行确认（光学信号），感受绳索确实收紧（触觉信号）。只有当你正确地接收到三个信号时，你才能在攀岩时保持安全悬挂，且毫无心理压力。此外：在室内攀爬期间，口令应该尽量简洁明了、清晰可辨，过于复杂的口令反而会造成理解的偏差和操作的失误。

- “收紧！”意思是“收紧绳索，我仍在攀登！”

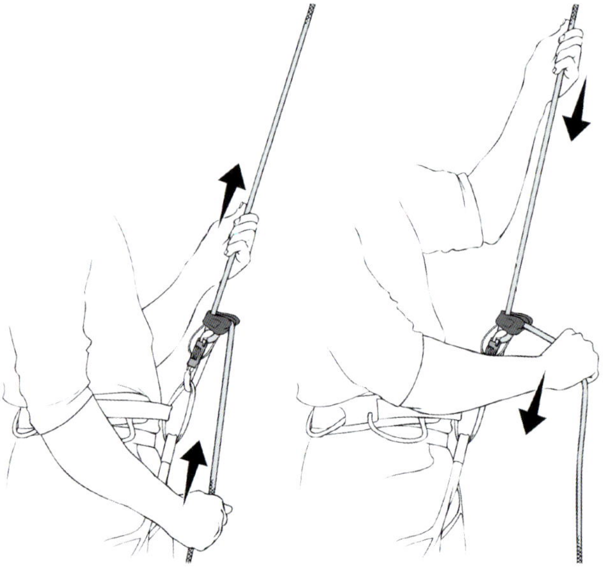

用管式保护器收紧绳索

- “下降！”意思是“我想要下降回地面！”

德国登山协会小贴士

只需走向墙壁或远离墙壁几步，即可快速给出或收紧绳索。直到第四把快挂扣入绳索前，都需要严格控制绳索长度，避免给绳过多造成攀岩者坠落到地面的事故！

像“完成！”之类的绳索口令，你可能偶尔听说过，这也是攀登口令中可以使用的，但它仅适用于高山攀登，而不适用于室内攀岩。在室内，这些命令可能引起误解从而导致致命的事故，因此，请忽略它们。

给绳基础技术

动态缓冲保护

确保攀岩者安全的关键是保护者对制动绳端的持续控制。保持对制动绳端的控制意味着保护者始终要用至少一只手控制制动绳端。当攀岩者挂上下一把快挂并且需要保护者快速给绳时，做到这一点尤其困难。

如果攀岩者处于这种情况，并且保护者因为想非常快速地给出绳索而放开制动绳端，将可能导致严重事故。在先锋保护给出绳索时，需要使用8字环或管式保护器，操作方式为引导手将绳索从保护器中拉出，制动手同时送入绳索。引导手再次在靠近保护器的位置握住绳索，制动手虚握绳索并顺着绳索下滑。

制动手的节奏是“下滑—送绳”。

当正确装配意大利半扣保护装置时，给绳的基础技术同样也适用于此类保护，也就是说，制动绳端要放在锁门对侧。

变化：使用意大利半扣时的给绳基础技术

双手握住绳索，拇指朝上位于主锁的上方。给绳时，引导手将绳索从主锁中拉出，同时制动手放入绳索。然后，在不松开制动绳的情况下，制动手下滑，引导手抓紧绳索或沿着绳下滑。

只有较高的给绳效率，也就是快速地给绳才能确保先锋攀登的安全。制动手的节奏是“放入—滑动”。

半自锁保护器

主动身体保护是指主动放弃拉绳让自己被拉动。使用不同保护器给绳时制动手的正确姿势如下（参见第70页的图片）。

- GriGri 保护器：始终遵循“说明书中规定的给绳方式”，即食指托住保护器，拇指固定释放杆。无论如何也不能完全抓住整个保护器或按住自锁凸轮（参见第109页）。
- Click Up保护器：操作和使用方法与管式保护器相同，但对制动手的位置限制较少。
- Smart 半自锁保护器：操作和使用方法与管式保护器类似，但需要推动释放杆。注意确保绳索始终在引导槽中。
- Mega Jul 保护器：操作和使用方法同管式保护器类似，快速给绳时，需操纵释放杆。

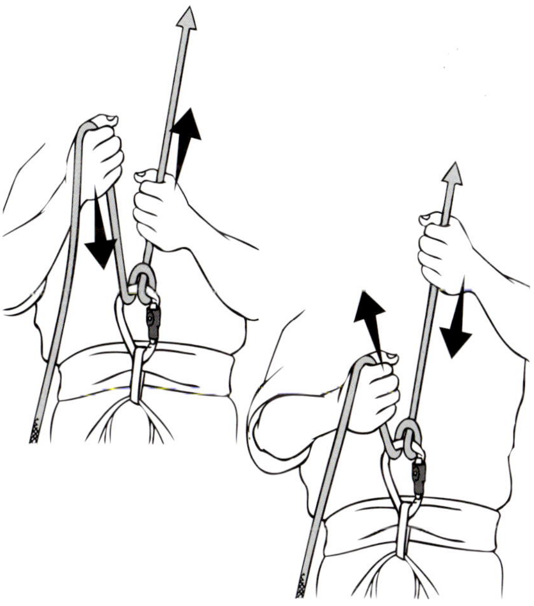

使用意大利半扣时给绳基础技术的变化——双手位于上方

在给绳时制动手的正确姿势

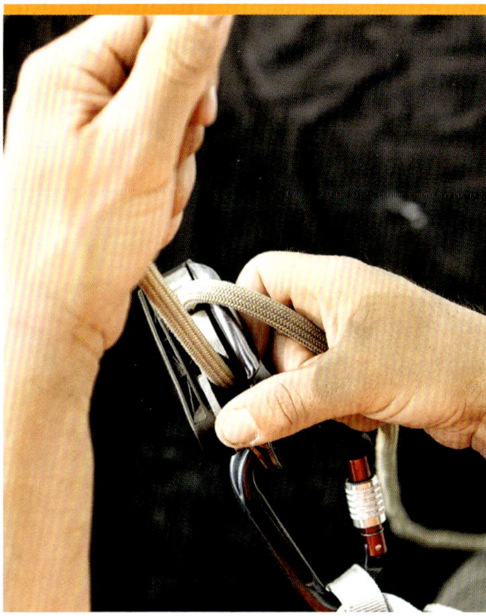

GriGri保护器

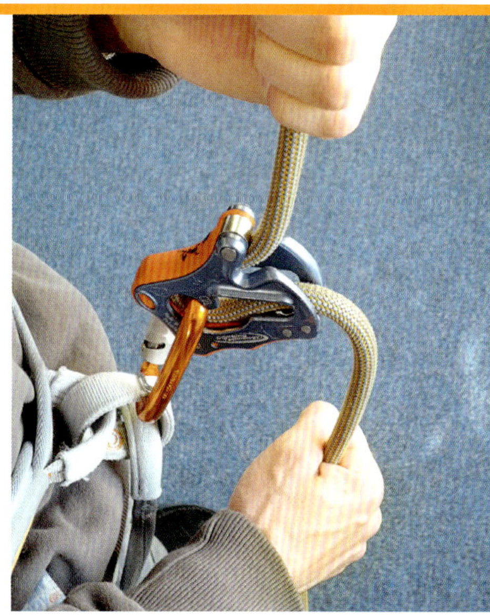

Click Up保护器

Mega Jul保护器

Smart半自锁保护器

保护技术

进行第一次先锋攀登前，应当先在三人小组内进行团队合作练习，即借助第三个人的力量进行顶绳保护练习。这次预备练习中所产生的问题，在接下来的练习中也会出现。之后，可省去顶绳保护，第三个人只需在保护者身后握住制动绳端进行副保护即可。随后，在完成冲坠模拟练习（参见第75页）和安全训练后，可以安心地免除副保护。

直接保护（身体保护）

在攀岩运动之初，身体保护是直接保护的原型。后来产生了间接保护，现在，大多数人工岩壁攀岩设施几乎都使用直接保护的方式。

以下内容主要介绍直接保护。

保护者的位置

理想情况下，保护者一开始应站在第一把快挂的重力垂线下，但这样的话，当先锋攀登者冲坠时，刚好会砸到保护者。所以，在实际情况中保护者的位置通常有一点偏移，比如当攀岩线路很陡峭时，保护者站立在距离墙壁2 m的位置，这样能更好地观察先锋攀登者的情况。此外，对于加快给绳速度来说，这2 m也十分有用。保护者不直接站在第一把快挂的重力垂线下的另一个原因在于，先锋攀登者若已经攀爬至距离地面数米的高度，而此时保护者直接站在先锋攀登者下方，那冲坠时，保护者很有可能会被拉起，撞击到先锋攀登者。所以，保护者一开始要站在靠近岩壁、略偏向第一个中继保护点的位置，等先锋攀登者向上攀爬到一定高度后，保护者再换位置。

冲坠控制

以下的情况经常发生在攀岩馆里：当先锋攀登者攀爬到快挂至少与膝盖等高的位置时，他可能会完全失去体力，并发出指令“收紧！”。此时，保护者不再给绳，并通过后退或蹲下的方式来阻止冲坠的发生。但在不可避免的冲坠后，先锋攀登者会急速向岩壁方向冲去，并重重地撞向岩壁。

这是谁的责任呢？两者都有！要求短制动距离的人（发出“收紧！”口令），会发现冲坠时的速度竟如此难以控制。其实这种情况下，应该借助给出缓冲的保护方式。不使用口令“收紧！”，也不立刻制动保护器，而是适当拉长制动距离使用制动缓冲。只要攀岩者没有坠落到地面的危险，那么一切都在保护者的可控范围内。毕竟，坠落到地面的后果也是先锋攀登者不愿面对的。但是，缓冲保护和预留给绳没有关系！预留给绳延长的不是制动距离，而是冲坠距离。

上方是没有缓冲的保护，下方是给出缓冲的保护

预留给绳的效果

在不给出缓冲的保护下，先锋攀登者会冲坠到较高位置停住。整个冲坠过程不会持续很久，因为保护者紧握绳索。先锋攀登者几乎不会冲坠到上一个中继保护点的下方，因为绳索已经拉紧，这使得先锋攀登者在朝向岩壁的方向上具有巨大的加速度。

在条件不变的情况下，保护者释放的给绳越多，冲坠距离就越大。但是，由于摆荡距离的增加，冲坠者与岩壁的撞击角度也就相对减小。与之相对应，朝向岩壁方向的加速度大大减弱，接触到岩壁时就更舒适。

将体重差考虑在内

动态保护的关键因素之一是攀岩同伴之间的体重差：如果是体重较轻的人保护体重明显较重的人，那么冲坠通常会很温和。在这种情况下，可以说缓冲保护是自动形成的。

但是，对于保护者来说，失去控制被拉离地面的危险也是自动形成的。此时，保护者被拉动，朝第一把快挂的方向加速，很可能会撞向岩壁。所以，在上述情况下，推荐使用半自锁保护器和一个保护者自我保护装置。

如果保护者比先锋攀登者重很多，会产生另一个问题。如果保护者没有学习

攀岩者靠近地面时的绳索管理方式

攀岩者处于较高处时的预留给绳量

过缓冲保护的技术（通过保护器的预留给绳量，身体主动跟随绳索拉力移动），先锋攀登者在冲坠过程中将会十分难受和痛苦。这些特殊的技术需要大量的练习！

人工岩壁攀岩保护的基本原则

在人工岩壁上保护先锋攀登者的基本原则：

- 请小心！
- 做好随时被拉动，甚至被拉离地面的准备，同时控制好绳索！
- 不要将制动绳端过分拉紧，而是稍留余量（除意大利半扣外）！经验丰富的专业保护者可以利用余量获得额外的制动距离。
- 避免在被拉起后身体来回摆动！否则冲坠保护会变得异常艰难。

为体重较轻的保护者配置沙袋作为副保护

用自我保护技术保障安全

当绳索上攀岩同伴之间的体重差较大时，选一个较轻的人做保护者，必定会使保护者长时间处于紧张的自我保护状态。

- 保护者站在靠近岩壁并偏离路线的位置上。
- 保护要非常及时，同时避免自己撞击岩壁。
- 保护者站在自我保护的固定点和第一个中继保护点之间的连线上。

德国登山协会建议

一些攀岩馆为体重较轻的保护者提供沙袋作为副保护，沙袋通过一根约2 m长的扁带与保护者相连。该结构和自我保护装置类似。

冲坠模拟练习

通过冲坠模拟练习，保护者可以积累到保护经验，攀岩者可以学习到在岩壁上如何控制冲坠，特别是避免撞击岩壁的方法。冲坠模拟指的是，攀岩者在有备份保护的顶绳保护下冲坠，此时岩壁应基本垂直，没有较大的突出物，因为较大的突出物常会导致攀岩者受伤。而保护者进行缓冲保护练习时，应由第三人一直在后方提供副保护。

在冲坠模拟练习的等级1与2中，保护者使用管式保护器提供保护，到等级3与4中才使用半自锁保护器。在等级3与4中，选择足够高（大约离地8~10 m）的练习位置是非常重要的，可避免冲坠者坠落到地面，也可避免冲坠者与保护者之间发生碰撞。

等级1：攀岩者悬挂在顶绳上，绳索由保护者握持。此时保护者的制动手将制动绳端向后拉至最远，然后制动手快速向保护器移动，并让绳索穿过保护器。在制动手尚未接触到保护器时，需用制动手拉停绳索制动。通过制动手的绳索不能滑动，而要被紧紧握住。

等级2：攀岩者悬挂在顶绳上，绳索始终由保护者控制。保护者将引导手放置于制动手上方，并且握紧制动绳端。在保障安全的情况下，制动手应预留尽可能多的绳索，预留给绳量也不得超过攀岩者心理所能接受的临界点。然后引导手突然松开，攀岩者“冲坠”一段距离。保护者需保持直立，不要让自己向后倒。

等级3：攀岩者悬挂于顶点下方一段距离，并继续向高处爬，保护者在此处不

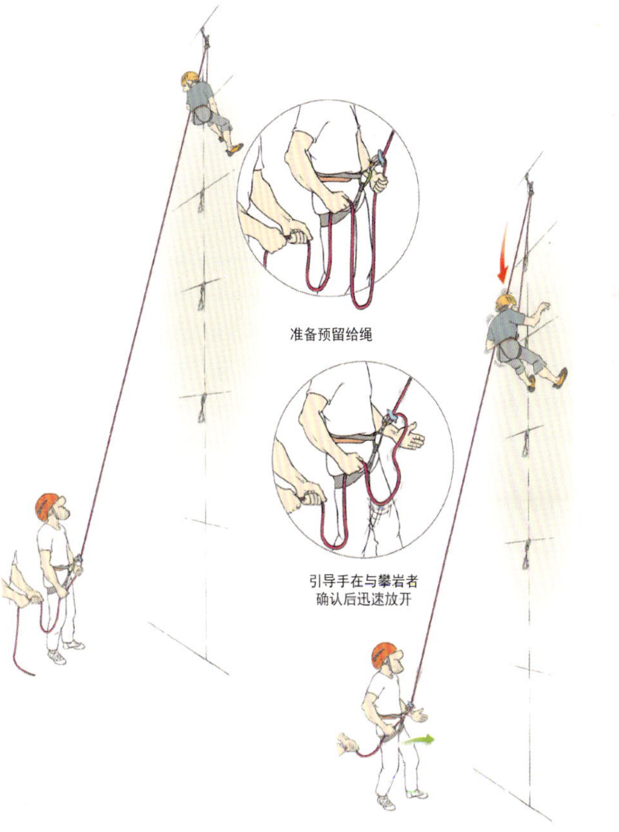

冲坠模拟练习的等级2

再收紧绳索。攀岩者在与顶点齐高或低于顶点的位置进行冲坠，这对攀岩者来说也是一个容易预估风险的冲坠距离。

等级4：攀岩者通过抓握支点将自己固定在与顶点齐高处或低于顶点的位置。保护者按照与攀岩者协商的量开始预留给绳，预留给绳量必须得到攀岩者的同意。当保护者准备好后，攀岩者放开支点开始冲坠。

攀岩者需注意，不要跳离岩壁太远。

建议

- 保护者站在第一把快挂的下方。
- 小步轻迈，膝盖微弯。
- 进行主动身体保护：主动放弃拉绳让自己被拉动。
- 绳索不能在制动手中滑动。
- 在冲坠时积累移动经验。
- 攀岩者不要跳离岩壁太远。

冲坠模拟练习的等级3

冲坠模拟练习的等级4

在仰角路线冲坠应注意避免撞击岩壁

VERTICA

进阶保护措施

现在你已经充分了解了室内人工岩壁保护的关键要领。若能掌握前文所介绍的要点，你将能够应对这里发生的一般情况。此外还有些技巧能减小攀岩难度并提供额外的安全保护。

在本章中，你将学习：

- 如何回收攀岩线路上的装备。
- 如何将保护装置锁住以便腾出双手。
- 体重较轻的攀岩者如何进行额外的自我保护。
- 如何进行正确的攀石保护。

攀岩线路中的装备回收

先锋攀登所必需的快挂并非总是固定在岩壁上的。尤其是在室外攀岩中，为保证先锋攀登过程的安全，通常需要亲自将快挂挂入挂片中。当然，你不会把这些快挂留在攀岩线路上。你会把它们回收起来。针对此类情况，存在两种可能的操作。

跟攀中的装备回收

攀岩者在顺利完成先锋攀登进行下降之后，开始从先锋攀登者一侧拉绳，直到另一端的绳索长度足够进行系绳攀岩。此时，在确保顶点设置的安全性后，同伴开始接着跟攀。跟攀者回收快挂并将其挂在安全带的装备环上。前提是顶部锁具要有备份保护！

利用顶绳保护和顶环进行下降和装备回收

若你的攀岩同伴不打算跟攀此路线，你必须自己拆卸快挂。

最快捷的拆卸方法如下所示。

第1步：你在顶点处扣入绳索，并悬挂在绳索上。

第2步（当线路角度很大时）：将一把快挂一端挂入你安全带上的保护环，另一端挂在连接保护者的绳索上。如此一来，你便能在给绳时保持紧贴岩壁的状态。

第3步：在给绳保护下降的同时，回收快挂。

第4步（当线路角度很大时）：当你回收最后一把快挂时请注意！若路线角度很大，此时不建议你立即回收此快挂（因为这会导致身体发生大幅摆荡！），而应在下降完成后从地面取回此快挂。

德国登山协会建议

尽管在准备先锋攀登所需的绳索时格外仔细，但仍会出现以下情况：一个不起眼的绳结接近保护器，由此产生阻碍绳索通过的危险。

此时，腾出双手变得非常重要。这一方面便于双手继续握紧制动绳端；另一方面也便于解开绳结。

只需几步操作，便可锁住前文中介绍的保护装置。而此技术的用途，一方面是在攀岩者的悬挂休息期间，使保护者前臂的肌肉组织可通过此方式得到放松；另一方面，是使保护者能够用两只手完成必要的动作，例如解开绳索上的绳结等。

较细的绳索

在使用较细且光滑的绳索（例如全新和很少使用的绳索）以及保护者的握力很小时，管式保护器的制动效果发挥不到最佳状态。这时半自锁保护器可以帮助较轻的保护者使冲坠变得安全、平缓。

但是，如果你不想放弃非自锁保护器的缓冲保护特性，那么使用有更多摩擦唇的管式保护器进行安全保护是一个不错的选择。或者可以选择将两把主锁平行安装在保护环上，这样做可以增加绳索与管式保护器的摩擦力（参见第81页上图）。

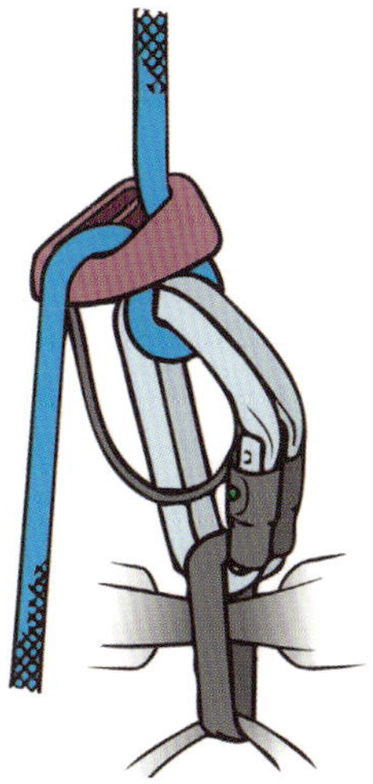

增加绳索与管式保护器的摩擦力

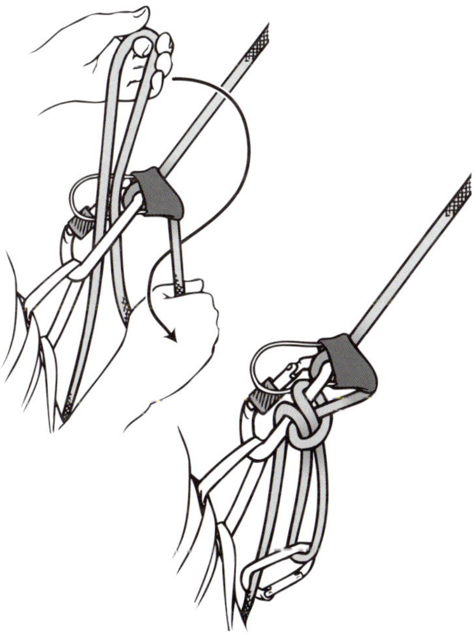

将绳索安装在管式保护器上

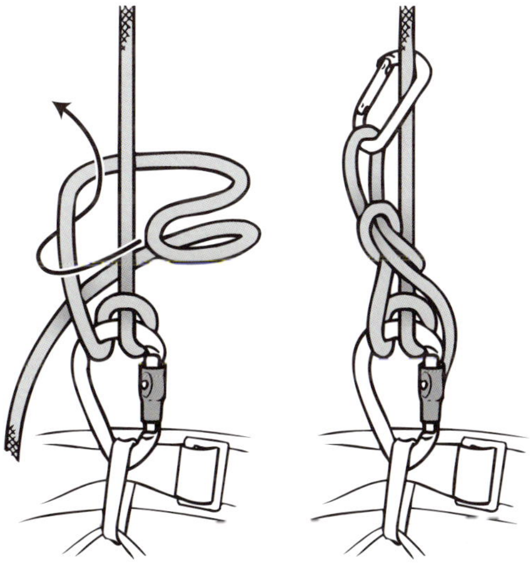

将绳索安装在意大利半扣保护装置上

攀石保护

是的，不依靠绳索的保护确实存在，它被称为“攀石保护”。“攀石保护”通常用于攀石。其做法是引导攀石者以正确的姿势（尽可能直立）落在地面的安全区域（保护垫）内。请注意，攀石保护的目的不是接住攀石者。

攀石保护不仅仅适用于攀石。在其他攀岩过程中，保护者使用攀石保护的方式协助攀岩者挂入第一把快挂也是很常见的。攀石保护必须考虑以下几点。

大仰角岩壁

如果攀岩者在水平屋檐型岩壁上攀登，保护者应尽力防止他背部朝地坠落。为此，至关重要的是托住他身体上1/3的部分，也就是说以托举的方式对坠落进行干预。通过这种方式，攀岩者可以双腿落于保护垫上，且在坠落过程中保持直立并且最好可以做到双脚先着地。在平坦或垂直的地形中，坠落者更有可能臀部先着地。

距离

身为保护者，你不要离攀岩者太近或直接站在攀岩者下方，否则他可能会直接坠落在你身上。但如果你和攀岩者离得太远，就没办法进行攀石保护。这要求你有一种本能反应。无论如何，尽早给坠落者提供正确的推动是正确和必要的。越晚做出反应，引导攀石者坠落就越难。

着陆轨迹

有时攀岩者会意外落在距其提前准备好的攀石垫较远的地方，这是为什么呢？

一方面原因是有时攀岩者会做出幅度很大的摆动动作，这种情况一般发生在攀岩者为抓握一个倾斜的远处支点，双脚猛地离开脚点，并且在支点上只能握持很短时间时。这时，攀岩者在空中水平地移动。保护者必须提前与攀岩者沟通清楚：保护者应当站在哪里，才能在攀爬过程中的关键动作时处于正确位置？提前说明清楚这个问题，着陆轨迹才能尽可能远离障碍物（室内攀岩馆中的其他人也可能成为障碍物）。

姿势

双腿轻微弯曲并打开；双臂朝上，但不要过度拉伸；竖起大拇指，双手伸出，步伐成箭步！

着陆

此外，攀岩者也需要学习着陆方式。从1 m的较低高度开始就应当全神贯注。如果可能的话，应当尽可能地双脚同时着地，侧面落下时需要适当翻滚缓冲。避免咬到嘴里的舌头！在仰角岩壁攀岩时应当先让腿部向后适当摆动。

在垂直岩壁上的攀石保护

在仰角岩壁上的攀石保护

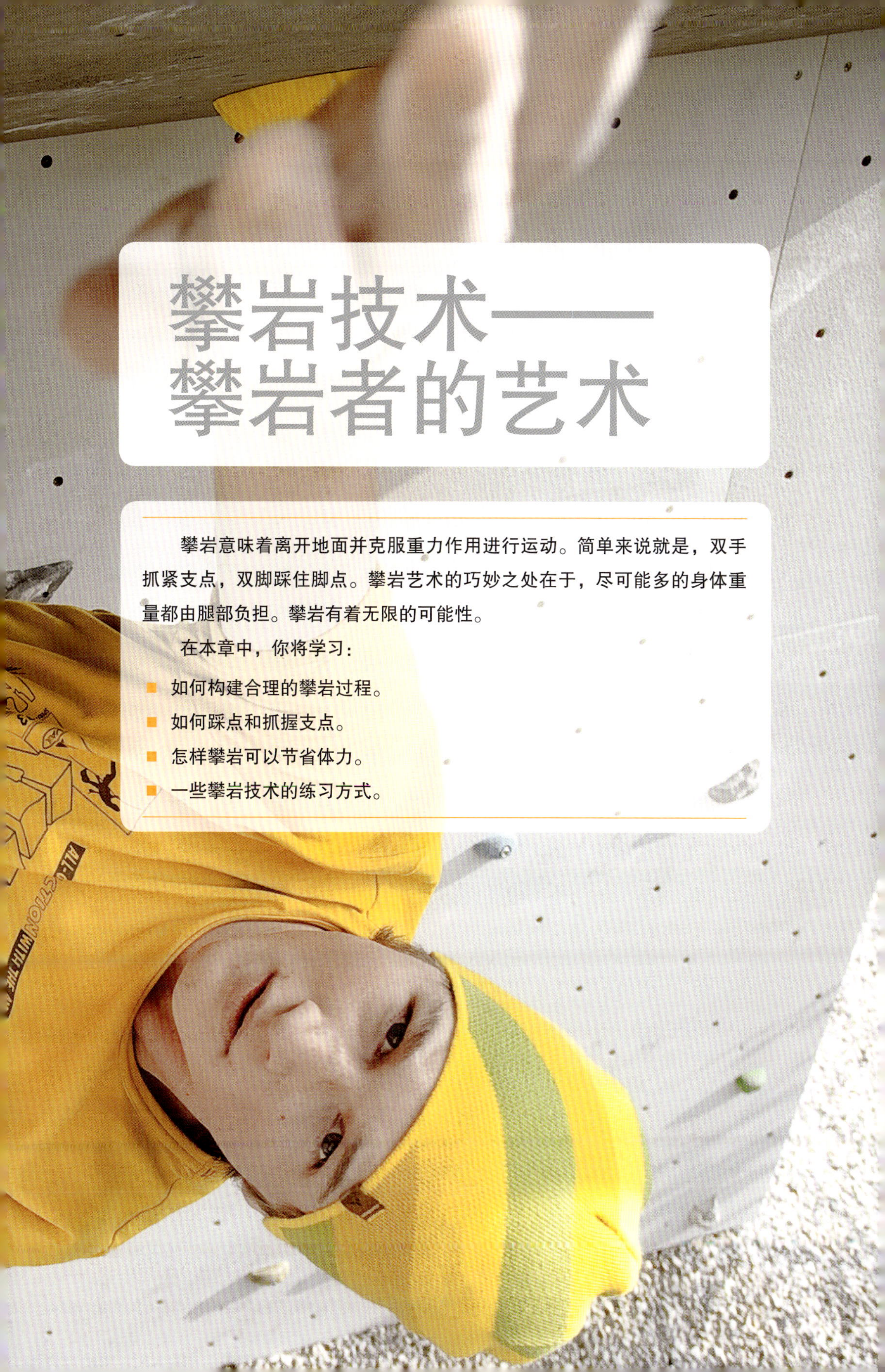

攀岩技术——攀岩者的艺术

攀岩意味着离开地面并克服重力作用进行运动。简单来说就是，双手抓紧支点，双脚踩住脚点。攀岩艺术的巧妙之处在于，尽可能多的身体重量都由腿部负担。攀岩有着无限的可能性。

在本章中，你将学习：

- 如何构建合理的攀岩过程。
- 如何踩点和抓握支点。
- 怎样攀岩可以节省体力。
- 一些攀岩技术的练习方式。

创造性运动

在进行攀岩运动时，攀岩者应该充分发挥创造力。不仅可以推、摁、夹、拉，也可以使用各种技巧。简而言之，谁爬得更好，谁就是对的，没有特定的运动规定。攀岩如此引人注目，是因为攀岩在以前被误认为是一项高风险极限运动。

起始位置

准备和蓄力

动态远点抓握

抓紧支点并保持身体稳定

在50年前人们认为冲坠是非常可怕的，这就是为什么我们的前辈们在运动技术中加入了一份必备的备份保护。

构建合理的攀岩过程

通常，在攀岩时，攀岩者需要在给定的岩壁结构上用很短的时间找到稳定身体重心的新方式，以便抓握住下一个支点。可以说，抓握是攀岩中的中心动作。在之前或之后发生的一切都可以被视为抓握的准备工作或后续行动。

准备

很多时候，攀岩者应当通过选择合理的脚点和调整重心位置来使自己的身体处于稳定的状态，这样你就可以腾出一只手来继续攀岩。因此，攀岩技巧也会涉及很多脚法。

抓握

当身体处于稳定状态时，你就可以继续前进了。但这往往就是攀岩线路的难点，因为它取决于支点的位置。有时你会因你所处的位置不佳而不得不放弃稳定的身体状态，继续前进，这属于动态移动。而有时，你既可以控制身体继续前进，也可以随时停止前进，这是静态移动。通常这两者是不断转化的。

稳定

无论攀岩动作是动态的还是静态的，当到达目标支点时，都需要强大的肌肉力量，以便身体可以稳定在新的位置。所需的力量取决于支点的位置和大小、岩壁角度以及身体重心位置的变化。

如果在第一次抓到新的支点时，手部的施力情况以及手部与支点之间的贴合还不够完美，则抓握手应将力更有针对性地通过手指以及手掌进行再次分配以便稳定住重心。只有掌握好抓握支点的手型和力道，攀岩者才能继续前进。

用右臂拉紧进行静态移动

抓握手法和脚法的配合

攀岩时的脚法是非常重要的。这不仅意味着你需要找到合适的脚点，而且还必须学会正确利用它们。

让脚点承重

首先，脚部应当尽可能多地施加压力，这一点对初学者至关重要。只有在脚、攀岩鞋和脚点之间形成正确的形状贴合时才能实现这一点。

所以，在攀岩时一定要具有敏锐的感知能力！攀岩者必须朝正确的方向踩住脚点。在门框或两棵树之间玩过用脚撑起的人都知道，人是可以站在光滑的垂直面上的——但只有当腿部向左右两边同时施加压力时才能做到这一点。在攀岩中也一样，只有在给支点施加足够压力的情况下攀岩才能进行。施力情况取决于攀岩者对支点的抓握方式、身体的位置和脚点的分布，施加的压力有时向右，有时也会向左。在这里，你需要进行大量的练习才能熟练掌握手臂和腿部施加拉力、压力的方法以及施力的时机。

反向施压技术

以下是练习初级脚法的推荐步骤（参见第89页的图片）：

1. 用脚趾发力踩点。
2. 用脚踝内侧发力支撑（一开始应控制力道不要太大）。
3. 脚背外侧发力支撑。
4. 用脚跟钩挂支点并施加拉力。
5. 用脚面钩挂支点并施加拉力。
6. 在光滑的岩壁上利用摩擦力支撑。

踩点练习注意事项

- 仅在离地面很近的区域进行。
- 一开始应在大平台型支点或凹形大支点上练习。
- 应在设置有支点的墙壁上练习，并注意避免坠落！
- 不断地练习换脚、踩踏、换脚；用于练习的岩壁应该是垂直的，并已经安装了众多脚点，特别是小脚点。练习者的目标是能够轻松应对不同地形的脚点。

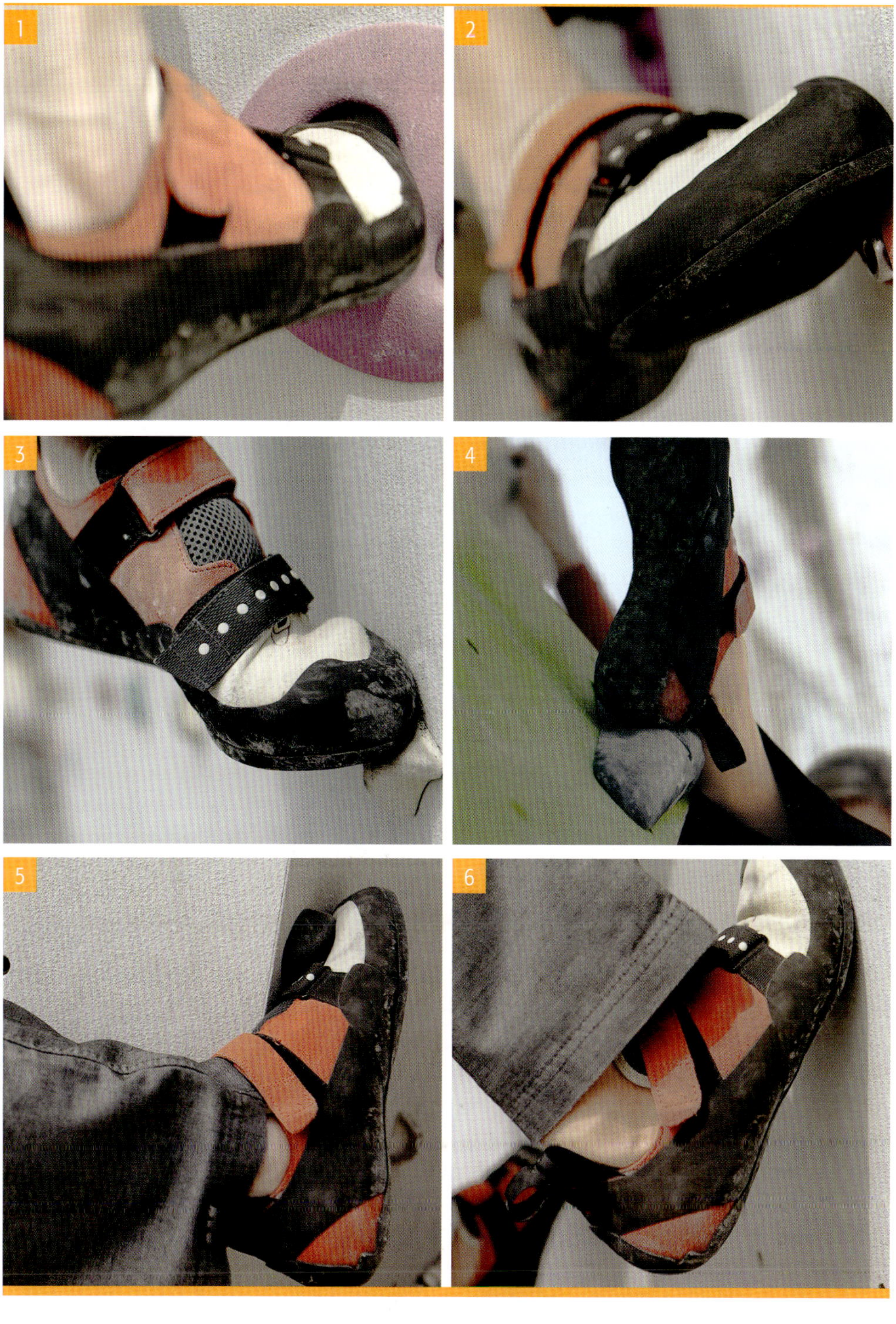
1
2
3
4
5
6

支点的抓握

手的抓握方式与支点的形状必须贴合。

手指的发力方式有：

1. 第一指关节凹陷发力。

2. 第一指关节凸起发力。

手指各个部位的肌肉能引起指关节的屈曲，并且手指上也有相应的肌腱和韧带。为什么这里要提一下手指的构造？因为对大多数人而言，负责控制近侧指骨间关节的肌肉明显强于控制远侧指骨间关节的肌肉。因此，许多攀岩者在抓握小支点时曾这么认为：要想以这样的手指姿势抓握支点，只需要有更强大的肌肉力量就能解决问题。不幸的是，这样的手指姿势仍存在受伤风险，因为它会严重拉伤手指的环状韧带。环状韧带断裂是攀岩运动中最常见的手指损伤。

活用拇指

拇指是整个手五根手指中力量最强的。因此，拇指拥有调节握持力度的巨大潜力，你应该学会活用它。例如，你可以通过将拇指放在食指和中指上来增加抓握的力量，或者你可以借助拇指用钳形手型握住支点。尝试多种类型的手点是非常有意义的，如果在尝试中遇到需调节抓握力量的情况，你可以活用你的拇指解决难题。

1

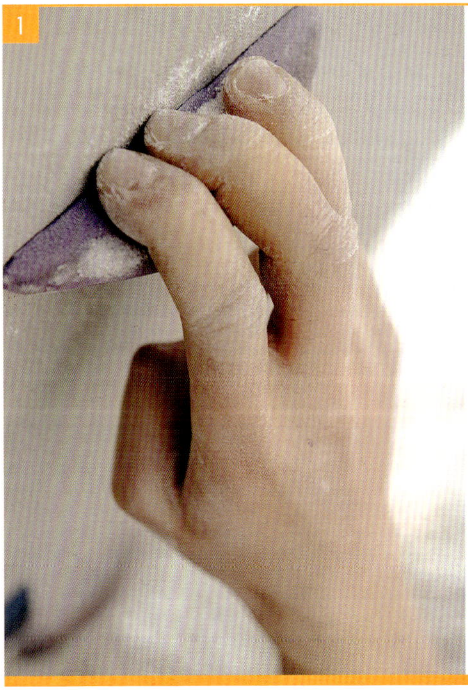

2

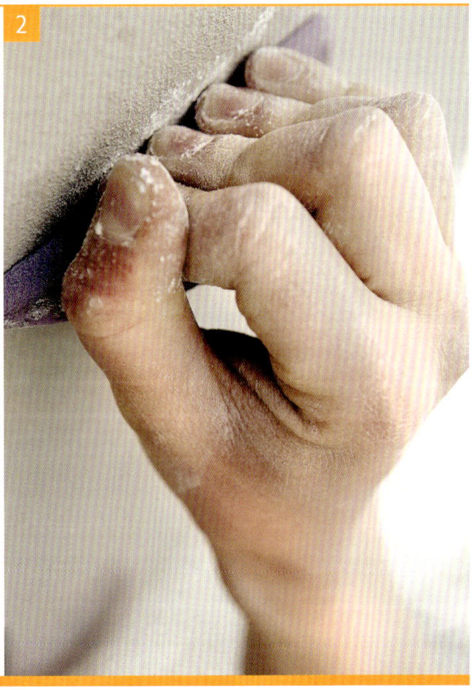

人类的进化给予我们比脚和脚趾更灵活的手和手指，我们也可以因此练习使用比脚法更多样的抓握手法。由此，可能的发力方向更多，力量强度的可变性也更大。

尝试不同类型的支点

支点有多种类型，如下方支点、侧方支点、侧下方支点、指洞支点、握点等，手指怎样抓握与支点类型并无直接关系。此外，攀岩者不仅可以用手拉、挂支点，还可以推或撑。虽然这不像拉、挂那么常见，但也非常重要，因为这个方法可以使你在对支点施力时暂时放松其他部位的肌肉。

练习抓握时应注意

- 在不使用拇指与使用拇指的情况下对身体控制的稳定性进行对比。
- 仅使用悬挂式手型。
- 在每只手里都拿着一个物体（例如网球）的情况下再尝试抓握住支点。
- 不要持续不断地把手生硬地插入支点。
- 不使用镁粉。
- 将支点打湿。

尝试这些练习时，应选择垂直于地面的岩壁或仰角较小的岩壁，这样更易于操作。

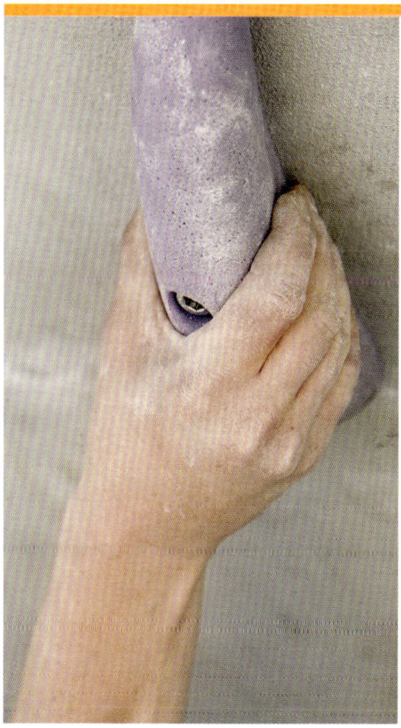
捏点

平台型支点

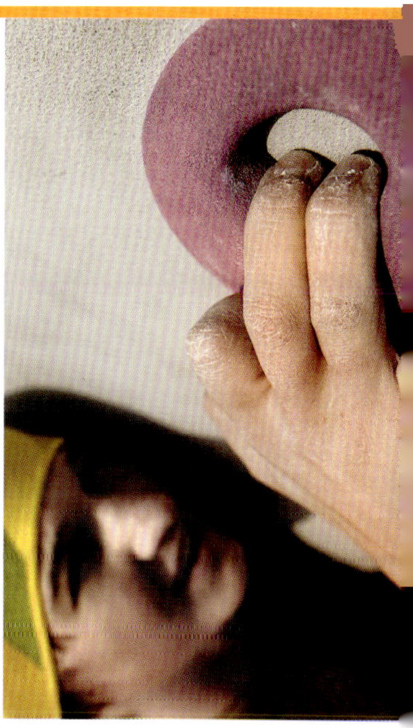
双指洞支点

寻找合理的身体姿态、抓点与稳定

为了能够成功地到达并抓住下一个目标支点，有必要对抓握新支点做适当准备。

当双手抓住支点时，双脚要根据踩点情况来寻找合理的身体姿态。身体姿态可以是面向岩壁，也可以是侧身朝向岩壁的。在第一种情况下，肩部平行于岩壁；在第二种情况下，你的肩部或多或少是与岩壁有夹角的（一只脚向外转）。

寻找合理的身体姿态

- 调整你的身体姿态，以便成功地到达下一个支点。原则是在多数情况下应尽量踩较高的脚点，以便抓握更远处的支点！
- 身体尤其是腰胯部，要尽可能地靠近岩壁。
- 不要忘记臀部发力！臀大肌是最大的一块肌肉，覆盖整个髋关节。
- 做好移动准备，不要发力过猛而越过目标支点。
- 岩壁角度越大，你的身体就要蜷缩得越紧。抓点与踩点之间的距离越大，在移动时需要蓄集的力量就越大。
- 在抓握新支点时，尽可能用对侧手臂与腿进行支撑。也就是说，当左手抓下一个支点时，建议最好利用右脚配合支撑，这样你可以避免“开门效应”造成身体摆荡。

正身抓握新支点

侧身抓握新支点

- 找到身体重心（大约在肚脐位置）与理想的身体位置（通常在已抓支点下方）。

寻找合理的身体姿态的训练方式

- 在你抓到下一个支点之前，数三下，然后再抓（岩壁仰角从较小的角度逐渐增至45°仰角）。
- 攀爬一条线路。双手只能抓该线路的支点，而对双脚没有限制。
- 将细绳或不能被拉伸的橡胶带系在双脚上，双脚间的最大距离为50 cm。然后，攀登一条线路。
- 只用一只脚踩点攀岩，当你感觉身体有些不稳时，再尝试换另一只脚，看看感觉是否好些？

抓点和稳定

无论是动态移动还是静态移动，你都需要在到达目标支点后，稳定新的身体姿态。这可能包括调整手指在新支点的位置。在准备发力时，有时为了保持身体的稳定与控制发力的方向，要稍微减少蓄集的力量。而这一切只有通过练习才能找到感觉。攀岩者应该能感觉到，攀岩技术的掌握与岩感的培养都和大量的切身体验练习有很大关系。

到达目标支点

- 用眼睛来确定目标支点的位置。
- 动作一次完成，不中断。
- 注意在静态发力时，充分利用脚部发力，必要时辅以深呼吸。
- 练习中应尽可能长时间、稳定地抓住新支点。

等一下！

- 在到达目标支点时会产生很大的身体应力，应注意臀部拉伸。
- 避免身体摆动，最好让脚保持在原先脚点上。
- 如果因为仰角过大而无法完成攀岩，可以尝试将身体蜷缩，控制双脚的摆动。
- 必要时重新调整支点。

抓点和稳定的训练方式

在练习攀岩技术时，要先充分热身。之后再练习顶绳攀登或攀石等方面的内容。重要的是关注练习的质量。

- 仅用一只手攀登简单线路。
- 选择简单线路，利用双手在动态移动的同时抓握新支点。
- 在同伴的口令下抓握新支点。
- 放慢速度进行攀岩。

进行最后两次练习时，应选择较困难、接近能力极限的线路。

技术

到现在为止，本书的内容都是在介绍攀岩运动的初级原理，即理论上如何抓点、踩点和移动。现在，我们要讲一些关于进阶攀登技术的内容。

对角线攀登技术

这项技术尤其适用于正身动作（参见第92页，寻找合理的身体姿态），即肩部平行于岩壁。你可以在攀登的过程中尝试使用弧线形运动路径。具体操作如下：

- 右手抓握。
- 左脚踩点。
- 右脚继续踩点。
- 左手继续抓握。
- 右脚继续踩点。
- 左脚继续踩点，依此类推。

德国登山协会建议

移动要在一次发力动作中完成。如果有一只脚没有可以踩的支点，可以让其紧贴握持手下方岩壁在适当位置发力，这样可以使发力移动更容易！

原则上，站在握持手的重力垂线下（在第一步中左手就是握持手，因为右手继续抓握新支点）是最有利的；同时，理想情况下，右脚位置应靠近身体重心的重力垂线。这样可以减轻左脚的负重（第二步）。此时无论是继续抓握还是脚踩新支点，剩下的三个支撑点都可以形成一个稳定的三角结构。

对角线攀登技术是攀岩中的基础技术之一。其他大部分技术都源于它。

拉肩动作

你在攀岩馆会经常听到：“下一步是拉肩发力！”对此，有两点认识：第一，拉肩发力十分常见；第二，这类发力通常极易造成攀岩者受伤。因为拉肩动作需要技巧与较强大的肩部力量。那么，拉肩动作是什么样的呢？想象一下，你先用右手进行了正常的抓握，此时手部施加向下的压力。然后，你把手向左转动90°，这时你已经做出了拉肩动作。运用拉肩动作发力，你可以利用一个水平受力的支点稳定住身体，此时身体的受力方向指向重心方向而不是地球引力方向。用右手拉肩发力时，你需要一个位于手点对角线上的脚点，以便保持身体稳定。脚点的位置越远，需要的肩部力量就越大。拉肩发力存在使肩胛带肌肉力量较弱的攀岩者受伤的潜在风险——训练时注意不要超出能力极限！哪怕是专业运动员在某些极限情况下也会因此受伤。

寻找身体重心位置：脚部

寻找身体重心位置：臀部和躯干

抓握和稳定

脚部承重

脚部承重？是的，这很有效。这是所谓的“脚尖钩点”。在屋檐型岩壁上攀岩时，你可能已看到：屋檐型岩壁的下方是空的。因此，应利用脚尖踩住支点，并拱起身体以便将部分身体重量从手臂转移到脚部。这在大仰角或屋檐型岩壁中既有用又常见。但有时因为其他攀岩技巧问题，这一技术不能应用在攀爬其他类型的岩壁上。从原则上讲，攀岩者经常需要在屋檐型岩壁上采用这一姿态。否则，攀岩者会将所有重量都集中在双手上而造成力量的快速消耗。脚部承重的效果与所踩支点的大小形状有关。有利于钩脚发力的大型支点非常适合初学者练习，但是小且光滑的支点则不适合初学者练习脚部承重技术动作。

踩点时脚部不承重

脚部承重：踩点时挂脚，身体呈拱形

踩点时必须挂脚

“开门效应”

到目前为止，所述内容只涉及各种攀岩姿态和如何维持身体重心的稳定。脚点承重的姿态其实也是有利于身体稳定与继续攀岩的发力技巧。但在某些情况下，手点、脚点成一条竖线，而目标支点距身体一侧较远，身体在岩壁上会像一扇门一样“打开”。

这被称为“开门效应”，这种不利于攀岩的非稳定动作在攀岩中经常出现。对于初学者，避免“开门效应”的对策就是利用脚点承重。

动作步骤

- 左手抓住左脚外侧的支点。
- 面向岩壁，右脚踩点并将上身重量转移到身体右侧的脚点上。
- 右手不再承重，能抓握新的支点。

注意做此动作时腰胯部越过右侧越多的脚点，越能保持身体平衡，右手也可以越轻松地抓握新的支点。

还有其他的方法可以避免“开门效应”，比如换脚或交叉脚。但这些都属于进阶攀岩的内容，此处不细讲。建议通过教练课程学习这些技巧。

不稳定的位置：如果放开右手，身体有可能朝左侧“打开”

稳定的位置：右脚踩住支点，避免“开门效应”

侧身

侧身（参见第92页右图，侧身抓握新支点）是仰角岩壁攀爬中的一项关键技能。沿身体的纵轴旋转，可以为肩部周围的肌肉创造有利的发力条件，使攀岩者在不弯曲抓握手手臂的情况下抓握住更远的支点。

动作步骤

发力脚点位置越高，拉伸身体后能触及支点的范围就越大。

- 左脚踩在握持手（右手）垂线的左侧。
- 右脚踩稳。
- 准备抓握新支点的左手向上伸，同时围绕始终保持伸直状态的右臂向后旋转右肩。

由此，身体会沿纵轴旋转（侧身）。应尽可能地伸展握持手手臂，来节省力量，否则会增加握持手负担，肌肉会迅速疲劳。

身体保持正身的姿势　　旋转左脚，开始发力　　攀岩者快速到达新支点

双脚侧撑与支撑

在岩壁夹角和其他向内凹陷的地形中，双脚侧撑能使攀岩者在脚点上稳定重心。通常情况下，双手可以不用力。因此，这是一个完美的休息位置。

稳定——但不能进行其他动作

这是一个小实验：在地面站立时尽可能张开双腿，之后尝试着将脚并拢。

这并不容易，对吧？现在，从与肩同宽的位置开始同样的尝试，你会发现此时动作变得容易了一些！由此可知，双脚侧撑的位置虽稳定，但不利于进行其他动作。双脚侧撑只能起到良好的支撑作用。

动作步骤

- 左手支撑。
- 左脚踩到更高的位置。
- 左手移动到新支点上。
- 右手支撑。
- 右脚踩到更高的位置。

踩住支点

稳定的身体位置

撑起并踩到更高的支点

节省力量

伸长手臂，节省力量

手臂弯曲，耗费体力

前面的章节只介绍一些基础的攀岩技术。想了解更多信息，可以参阅相关文献，最好参加专业的技术课程。本书最后介绍如何“节省力量”的内容。为什么呢？因为每种攀岩技术都面临同一个问题：在攀爬岩壁时，攀岩者的体力有限。

使用休息点

节省力量也需要策略：一条攀岩线路往往由多个不同的攀爬路段组成，路段中或多或少都有休息点。如果能找到并使用这些休息点，将对攀岩十分有利。休息过后，攀岩者能顺利地克服体力不足的问题，离成功攀岩更进一步。

重要策略

这里会提及两个非常有用的策略。

首先，控制你的手臂和腿。尤其是在大仰角岩壁上攀岩时，你的手臂是不是常常弯曲，腿是不是常常伸展？尝试换一下姿势：弯曲双腿，伸展手臂。尤其在准备下一步动作时，可以保持手臂始终伸直。其次，在攀岩热身和训练时，要注意手部动作。发力前，双手应该持续抓握手点。在抓握期间，抓握手应尽可能坚持更长时间。

节省力量练习

- 在岩壁夹角中寻找休息点。
- 使用膝部卡点的方法休息。
- 在当前的高度上横向寻找更好的、利于抓握的手点，然后寻找合适的休息点。
- 当完成一条线路后回看录像，观察你的手臂是否经常弯曲。试着寻找一条合适的练习线路，在该线路上攀爬，你的手臂可以伸展。
- 完成一条攀岩线路，并在线路末端新增一个手点，你的同伴完成你刚才攀爬的所有支点并再次新增一个手点，然后你再继续……不断延长线路，能坚持多长时间就坚持多长时间。
- 攀爬难度很大的攀岩线路时，刚开始可以放慢速度，随后快速攀爬。在攀岩线路上要改变速度，快速攀爬难度大的线路，慢速攀爬相对简单的线路。
- 练习攀爬时，要一气呵成，不停顿。也可以采用另外一种方式：不使用镁粉攀岩。

休息点

- 双脚侧撑（比如在岩壁夹角）。
- 脚跟钩住（利用脚跟外侧边缘处）。
- 向上撑住（在屋檐型岩壁的夹角处）。
- 脚面钩住（在下方支点处）。

攀岩安全——如何避免事故

无论是攀岩初学者还是资深玩家都对新的德国登山协会攀岩证书充满兴趣。首先，考取该证书时要学习攀岩馆内的行为规范。证书表明，合格的培训是攀岩者正确实施保护的重要前提。尽管事故很可怕，但也有其积极的一面。攀岩者如果能够正确分析事故，就会从事故中吸取教训。

在这一章将会介绍：

- 哪些机构能颁发德国登山协会攀岩证书？
- 攀岩证书是什么样的？
- 人工岩壁攀岩的典型错误行为。
- 危险来源及其避免方法。
- 常见错误。

德国登山协会攀岩证书

德国登山协会攀岩证书不是许可证，而是对攀岩者在攀岩安全技巧方面掌握情况的证明（攀岩成绩在这项考试中是次要内容）。

哪些机构能颁发德国登山协会攀岩证书？

攀岩者可以在德国登山协会的相关部门、有相应攀岩课程的中小学、大学、经营性攀岩馆、攀岩学校等机构获得攀岩证书。

德国登山协会攀岩证书对你而言是一种激励

对此感兴趣的攀岩者可以咨询上述机构。原则上，只有具备相应的攀岩运动经验和有效执照的教练才有资格担任考官。了解最新的攀岩学术观点也是重要前提。

资质要求

- 德国登山协会认证的攀岩教练。
- 德国登山协会认证的B级、C级攀岩运动教练。
- 国家认证的登山滑雪向导。
- 德国登山协会认证的阿尔卑斯式攀登专业培训师。
- 具备德国登山协会认证的青年指导员资格，并参加过拓展板块中的运动攀岩1。
- 参加过国家认证培训“校园攀岩运动”的教师，达到攀岩教练的水平。

提示和建议

- 热身：攀岩前热身可以避免身体因过度运动而受伤。

  1. 加速身体内血液循环。
  2. 活动关节并拉伸肌肉。
  3. 从简单的线路开始攀岩。

- 顾及他人：与他人友好互动，营造轻松愉快的气氛。在他人清理攀岩线路时，应耐心等待。攀岩完成后，应尽快整理装备，离开攀岩线路。

- 积极的反馈：及时发现、指出错误，避免事故的发生。当有人指出你的错误时，应该尝试去理解所给的提示。同时，如果你发现别人的错误，也要及时说出来。
- 不要苛求儿童。保护者一定要考虑到：儿童手部力量较弱，注意力能够集中的时间有限。此外，请别忘了体重差。

模式

对于初学者而言，建议用3个晚上的时间参加连续3小时的德国登山协会一级证书（顶绳攀登证书）和德国登山协会二级证书（先锋攀登证书）的课程。

你必须及时改错。只有当考官认为你完全掌握攀岩技巧时，才会颁发给你攀岩证书。

进阶者可以缩短培训时间。但是，必须掌握考试内容。

这些证书之间有很强的关联性。想考德国登山协会二级证书（先锋攀登证书）的进阶者，应该参加德国登山协会一级证书（顶绳攀登证书）的考试。

考试

在严肃对待考试的同时，也应尽量营造轻松的考试氛围。考试期间，考官不提供任何帮助。

考试时，考官不仅是保护者，也是攀岩者。

考官在考试记录上签名并登记应考人员姓名、考官姓名、考官资格、考试成绩。考试记录保留在考官处或更高级别的机构处（例如攀岩教学单位）。

如果遗漏或者错误执行了考试记录程序，考官可根据情况做出调整。为确认应考人员的攀岩相关技术是否合格，考官可要求应考人员多次重复相关步骤。

考试期间，要时刻看护儿童

考试记录

顶绳攀登考试记录

每次开始前同伴互相检查

- 是否正确连接安全带 □ □
- 是否选择正确的连接结和绳索连接点 □ □
- 是否正确悬挂主锁和保护器 □ □
- 是否正确打绳尾结 □ □

顶绳攀登保护

- 是否正确使用保护器 □ □
- 是否关注顶绳攀登时的体重差 □ □
- 靠近地面攀岩时是否收紧绳索 □ □

先锋攀登

- 顶点上至少要悬挂两把锁具 □ □
- 不应有两股绳穿过顶环 □ □
- 注意身体摇摆带来的危险 □ □
- 攀爬高度不要超过顶环高度 □ □

口令及给绳保护下降

- 使用口令“收紧！”和“下降！” □ □
- 发出口令后，是否开始给绳 □ □
- 给绳是否缓慢匀速 □ □
- 是否正确使用保护器 □ □
- 是否注意到其他人 □ □
- 攀岩者是否轻轻着陆 □ □

冲坠模拟练习

- 作为保护者和攀岩者是否正确执行冲坠模拟练习 □ □

先锋攀登考试记录

每次开始前同伴互相检查

- 是否正确连接安全带 □ □
- 是否选择正确的连接结和绳索连接点 □ □
- 先锋攀登中强制使用直接保护 □ □
- 是否正确悬挂主锁和保护器 □ □
- 是否正确打绳尾结 □ □

先锋攀登保护

- 是否正确使用保护器 □ □
- 是否关注先锋攀登时的体重差 □ □
- 在挂上第一把快挂前，进行攀石保护 □ □
- 扣入第一把快挂的位置 □ □
- 是否关注同伴 □ □
- 地面没有多余绳索 □ □
- 是否在到达合理高度后预留20~50 cm的绳索用于缓冲 □ □
- 在挂绳时迅速给出所需长度的绳索 □ □

先锋攀登

- 是否在固定快挂上按顺序合理挂绳 □ □
- 绳索扣入快挂时位置正确 □ □
- 是否悬挂所有中继保护点 □ □
- 绳索与身体的位置关系是否正确 □ □

□ 正确进行　□ 未正确进行

德国登山协会二级攀岩证书中的进阶安全训练

德国登山协会攀岩证书自2005年起开始使用。时至今日，保护技术获得了极大发展。当前在人工岩壁攀岩领域出现了一些新式保护器，也出现了很多对于安全和非安全行为的新认知。对于所有希望获得最新知识、进行系统课程学习的攀岩者而言，当前有一个进阶学习模块可供选择。特别是冲坠模拟练习和安全训练可以帮助攀岩者在冲坠时采取正确的操作和技术。其中也包含如何使用半自锁保护器进行安全保护。参与的前提是，攀岩者必须已掌握获得德国登山协会二级攀岩证书（先锋攀登证书）所需了解的全部内容。

进阶安全训练的学习者在成功通过考试后将会得到一个带有年份数字的贴纸，贴纸会被贴到参与者的证书资料上。因此，参与者务必在参加考试时携带德国登山协会二级攀岩证书（先锋攀登证书）原件。

模式

参与的前提

攀岩者必须掌握获得德国登山协会二级攀岩证书（先锋攀登证书）所需了解的全部内容。如果攀岩者对这些内容不够熟悉，则不应参加本进阶训练。

课程时长

课程时长至少为3小时。

儿童与青少年

由于儿童的发育速度不同，对于攀岩者的年龄没有明确的限制。本进阶训练适合13岁以上的青少年参加。即使儿童已获得某项攀岩证书，若年龄在14岁以下，也仍然需要在父母或者教练的监护下攀岩。

对德国登山协会二级攀岩证书的考官的要求

原则上，只有掌握德国登山协会最新的教学观点，并且拥有丰富经验和有效许可证的教练员才能主持考试。建议这些教练员参加德国登山协会培训计划中的相关培训。

资质要求

- 德国登山协会认证的攀岩运动教练和竞技攀岩教练。

- 德国登山协会认证的阿尔卑斯式攀登专业培训师。
- 具备德国登山协会认证的青年领袖资格，并参加过拓展板块中的运动攀岩2。
- 国家认证的登山滑雪向导。

提示

德国登山协会攀岩证书不是许可证，颁发该证书的目的是对攀岩者在攀岩过程中采用的安全技巧和正确行为进行表彰（攀岩成绩是次要内容）。

德国登山协会二级攀岩证书（先锋攀登证书）中的进阶安全训练

考试内容记录

近地保护和攀爬

- 正确进行同伴互检 □ □
  - 1.是否正确穿戴安全带 □ □
  - 2.检查绳结 □ □
  - 3.主锁与保护器是否装配正确 □ □
  - 4.是否打好绳尾结 □ □
- 攀岩绳正确置于身体一侧 □ □
- 在第一个挂绳点准备合适的预留给绳量 □ □
- 在扣入第一把快挂前进行攀石保护 □ □
- 保护者的位置在第一把快挂侧下方 □ □
- 在近地处不使用预留给绳方式进行保护 □ □

选用何种保护器

- 正确操作保护器 □ □
- 遵循制动手始终握住制动绳端的原则 □ □
- 缓慢、匀速地送攀岩者下降 □ □
- 攀岩同伴软着陆 □ □

冲坠模拟练习和安全训练

- 手部姿势正确，站立位置和身体姿势正确 □ □
- 正确进行主动的缓冲保护 □ □
- 保护者较重时：给出用于缓冲的绳长并采取积极的身体保护，主动弯曲膝盖 □ □
- 攀岩者不应跳离岩壁过远 □ □

□ 正确进行 □ 未正确进行

从错误中学习

掌握正确的技能学习方式和思考方式也是学习的内容之一。从孩童时代起，通过模仿学习他人所展示的行为这一方法便十分有效。

但问题在于，我们经常不假思索地就对其中错误，甚至是危险的部分也加以模仿，并将之作为正确的行为进行学习。

除此之外，经验也告诉我们，不论出于何种原因，我们的脑海中总是存在着极为不确定的或彻底错误的认知。严重时，那些在我们的意识中被反复确认为正确的行为，事实上却是错误的。这种想法有时候是致命的！因此，在仔细观察错误示范之后，请再一次细致地观察一遍正确示范。

在学习过错误行为之后，必须保有对正确行为的认知，并在离开攀岩场地后始终在脑子里回想正确的画面和练习内容。

常见错误

图例

☹ = 受伤风险较低，较少出现。
☹☹ = 受伤风险大，经常出现。
☹☹☹ = 受伤风险极大，极常出现。

拇指操作错误

在使用GriGri保护器进行先锋攀登时，最常见的错误之一就是在给绳时用拇指压住保护器的释放杆或自锁凸轮。此时保护器的自锁凸轮将无法激发自锁机制，绳索将从保护器中滑出。始终按照前文所讲的GriGri给绳操作方式进行操作，既不会产生这里所说的严重事故隐患，也可以快速给出先锋攀登所需的攀岩绳。☹☹

错误操作GriGri保护器

使用橡胶环固定自我保护扁带上的主锁——有生命危险

固定在安全带上的自我保护扁带也被称作“牛尾”，如果使用原本在快挂上、用于防止锁具翻转的橡胶环来固定自我保护扁带上的主锁，则会导致致命的意外。使用这种结构在中继保护点挂绳时两股绳中的一股也被不小心挂了进去，那么攀岩者此时其实只吊在了固定主锁的橡胶环上，而橡胶环一旦承重就会立刻断裂，从而引发最为严重的安全事故。☹☹☹

绳尾结的必要性

一名攀岩者从地上拾起一段攀岩绳索，想要先锋攀登一段线路。他开始攀爬，并在14 m高处将攀岩绳索挂入顶环。接着他在由同伴进行的顶绳保护下下降，却从8 m高处毫无制动地坠落到地面上。发生了什么？在保护者送他下降时，绳索直接脱出了保护器。为什么会这样？他使用的这段攀岩绳索之前挂在场馆中10 m高处的顶绳攀登区域，之后被拆卸了下来。绳索只有20 m长。那么应该怎样做？在绳索的自由绳端打上一个结，这种后果严重的意外便不会发生。☹☹

不安全的自我保护

在没有保护者的情况下，一些地方出现了一种危险的“自我保护方法”：一名攀岩者在攀登时不使用绳索进行保护，而是使用配有丝扣主锁的双合结扁带并将其连在腰带上，同时将两条扁带交替挂入

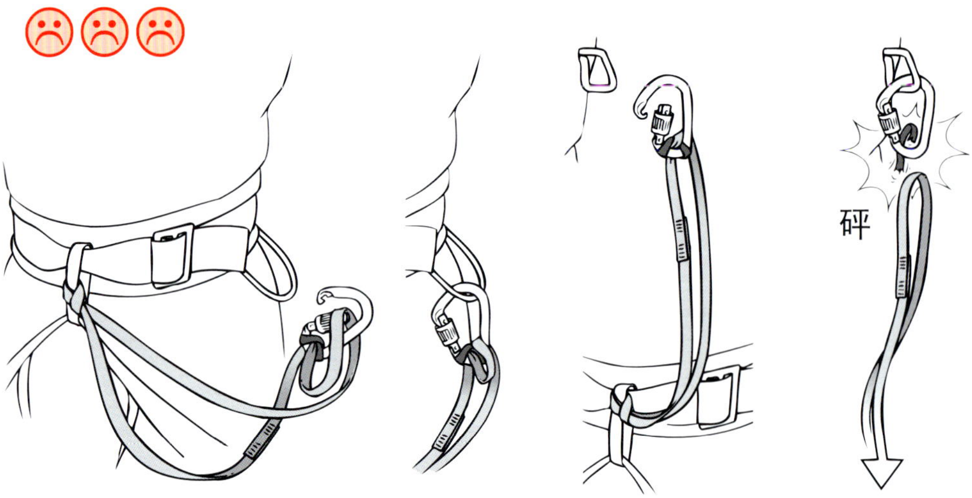

小心使用自我保护扁带

和挂出挂片，从而实现向上攀登。此时如果发生冲坠，因扁带材料没有任何延展性，所以制动缓冲距离几乎为零。由此产生的冲击力极大，将会导致两种危险后果：要么扁带材料强度足够，腰部会受到强烈的拉力，甚至可能造成瘫痪；要么扁带强度不够而被拉断，造成攀岩者坠落到地面。☹

小心使用旋转自锁型主锁

特别是在使用意大利半扣进行保护时，旋转自锁型主锁的危险完全被低估了。旋转自锁型主锁并非可靠的锁定装置！很遗憾，意外事故已多次证明了这一点。☹

保证所有的快挂都正常挂入

在线路上发生了一次冲坠之后，先锋攀登者停在12 m高的快挂处。在没有重新开始的情况下攀岩者进行了第二次试攀，第二次先锋攀登者到达与上次相同的攀爬高度仍未能成功挂绳。于是先锋攀登者再次冲坠，但是这一次冲坠却出人意料地停在了距地面仅4 m的高度。发生了什么？攀岩绳索从最后一把快挂（即先锋攀登者第一次发生冲坠的位置）中脱出了，并且他的女性保护者被从地面拉起了2 m。快挂真的可能会自行脱出。因此必须时刻保证所有的快挂都正常挂入。☹

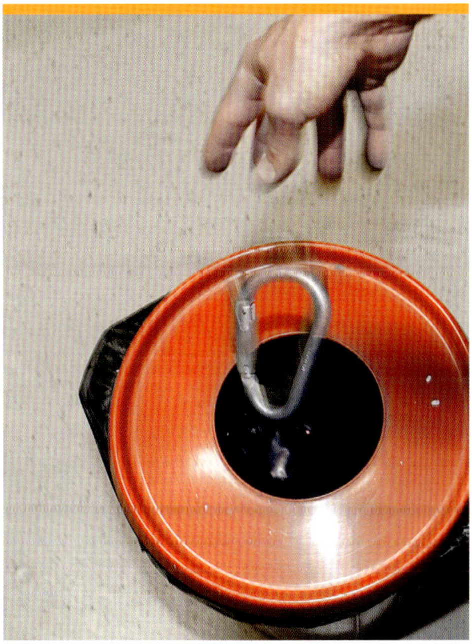

扔掉不能使用的装备

危险：依靠一把快挂进行顶绳攀登

在一把快挂上的顶绳攀登?

顶绳攀登时，应悬挂两把顶环锁具固定顶绳，其中一把作为备份保护。对于攀岩者来说，两把彼此靠近或锁住的主锁是明显的顶点标志，它们意味着已到达线路的末端。此处，不用再取出绳索！应该也不会有人愚蠢地取出绳索吧！但请不要忘记：恐惧会降低人的判断力和思考力。

极度紧张的攀岩者可能会取出唯一的、最后悬挂在顶端的快挂，并用强有力的手臂抓住支点，然后在线路的末端不知所措。这时，他必然会紧张到感觉血液都凝固了。另外，顶环和上面的快挂会受持续震动和负载改变的影响。丝扣主锁在极少数时候也会意外打开。应注意的是，主锁会因为绳索的磨损而发生断裂，同时也应注意检查作为备份保护的顶环。☹☹

使用意大利半扣时仅用两指抓住制动绳端

在使用意大利半扣收绳、给绳时，双手同时位于保护装置上方是很危险的。当制动绳端在手上滑动时，保护者经常错误地用大拇指和食指抓住制动绳端来控制绳索。然而如果发生冲坠，两根手指的力

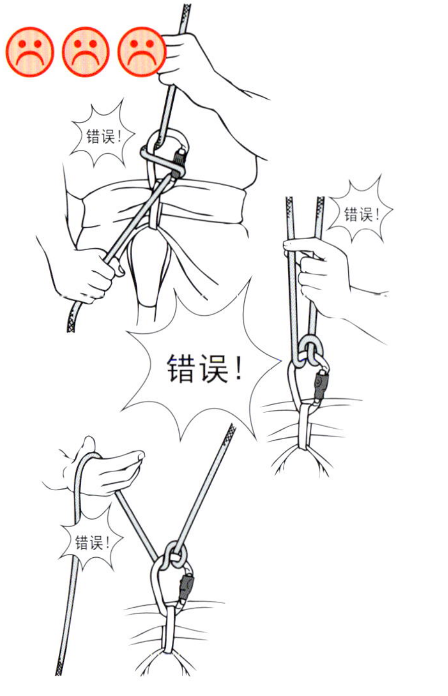

意大利半扣的错误使用

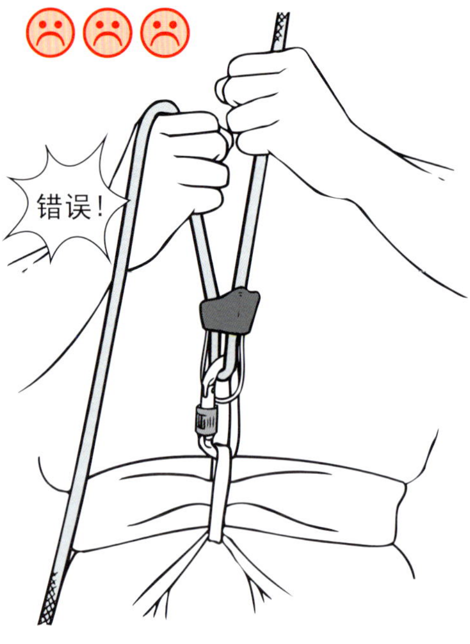

制动手应朝下

量根本无法拉住下坠的攀岩者从而引发事故。所以始终应按照“制动手位于主锁下”的规则使用意大利半扣，也可以通过单手（或双手）正确地将制动绳端抓住或正确地滑动制动绳端的方式使用。☹☹☹

手指在挂片中

挂片可以切掉手指并不是玩笑话！因此，手指应远离挂片。挂片并不是支点！如果不得不将挂片当作一个支点使用，要先悬挂一把快挂，且仅能抓握快挂扁带处，但此时仍需十分小心，因为抓握住快挂扁带也是一件十分费力的事情。另外，戴着首饰攀岩非常危险，手指上的戒指在抓握支点时暗藏安全隐患。☹

制动手在管式保护器上方

管式保护器上的制动手应该位于保护器下方。如果将制动手放在保护器上方，就相当于没有保护效果，绳索会在主锁中向上弯曲180° 并在受力后直接滑出。管式保护器的初学者可能曾花费较长时间学习意大利半扣的使用方法。但学习使用管式保护器时，初学者必须要习惯将制动手

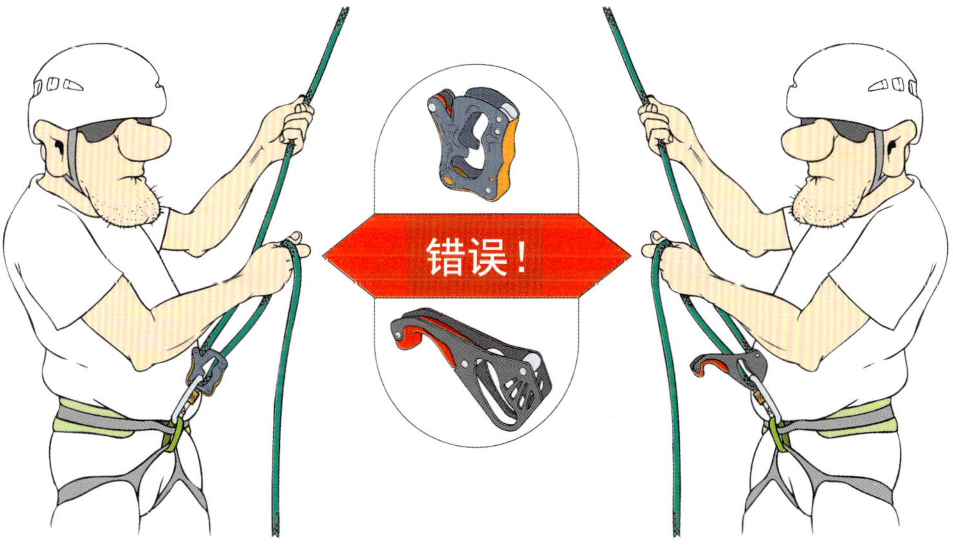

在Click Up保护器和Smart半自动锁保护器中，制动手的位置高于保护器会造成制动机制失效，导致恶性事故

放在保护器下方。

在使用Click Up、Smart、Mega Jul等半自锁保护器时，制动手的位置高于保护器会导致制动机制失效，引发恶性事故。☹☹☹

顶点处绳索断裂

最新事故表明，如果顶环主锁的锁鼻部位边缘很尖锐且攀岩绳索没能完全挂牢，那么顶环处的绳索有可能断裂。在扣入攀岩绳索前，确保将绳索正确地挂入顶环的主锁中。同时，要正确锁上锁门，确保攀岩绳索没有卡在锁门和锁鼻之间。☹

预留给绳

预留给绳有时很危险。动态保护缓冲与预留给绳并没有直接关系！在室内人工岩壁攀岩时，如果预留给绳，即便预留给绳量很合理，你也要将绳索固定在五个挂片上，否则同伴会有坠落到地面，使脚后跟和脚踝受伤的风险。☹☹☹

小心支点破碎！

大多数支点并不是牢不可破的。定线时支点特别容易破损。在最近进行的一场比赛中，决赛线路需要攀岩者在一个巨大支点处做出发力动作。当时造成了支点完全破碎，所幸攀岩者的双手未放开已经破碎的支点。此外，支点的碎片也会落在布满人

由于尖锐的锁鼻而造成攀岩绳索损坏

有时预留绳索会导致攀岩者坠落到地面

群的攀岩馆内！因此，注意有裂缝的支点，并勇于向攀岩馆的经营者汇报这些有裂缝的支点的情况，尤其应该注意长棍状支点。☹

攀岩鞋

攀岩者脚趾骨折的情况并不少见。是因为冲坠吗？完全不是！这与拖鞋的普及情况有关，穿着拖鞋的脚撞到岩壁的话，就会出现安全问题。另外，赤脚攀岩也是不安全的。☹

时刻注意上方

人工岩壁的攀岩者或许已经多次遇到过这个问题。经常有一些姑娘小伙儿在地上坐着，他们根本看不到头顶上方的攀岩者正在进行随时可能冲坠的攀爬。

即使是在攀石区也应睁大眼睛，时刻注意安全！攀石者也要时刻注意安全！用口头提示的方式预告即将进行的攀石活动十分有效。☹

卸下坚硬的物体！

攀石时应卸掉身上所有坚硬的物体。同时也要卸掉身上的锁具装备。

最近的事故案例中，一位人工岩壁的攀石者落地时，尾骨撞到了镁粉袋上的金属锁具，导致其尾骨断裂。

另外，不携带坚硬的物体可以避免对身体造成伤害，降低受伤的风险。同样，不应携带项链和戒指等首饰，因为首饰可能会对身体造成严重伤害！☹

禁止穿拖鞋攀岩

禁止携带金属锁具攀石

术语表

回收器材：离开线路并将自带的、可取下来的器材全部从岩壁上收回。

双合结：绳环上的加固绳结，普鲁士抓结的简化形式。

攀石：最初是为解决攀岩难点问题，针对高难度动作而进行的攀登训练，现已发展成为一项独立的攀岩运动类型。

制动手：由攀岩者视角所看到的、保护者在保护器后方握住绳索且持续控制绳索的手。

制动绳端：由制动手在保护器后方握住的绳索一端。

胸式安全带：这是一种环绕佩戴于胸部与肩部的安全带配件，应与坐式安全带配合使用，与独立的坐式安全带相比，其目的是将身体的悬挂点向上移动，以避免上半身向后倾斜，并使悬挂姿势保持垂直。使用胸式安全带时，应注意将绳索的连接点置于安全带中心位置。

屋檐型岩壁：攀爬角度几乎与地面平行的攀岩场地。

屋檐型岩壁边缘：屋檐型岩壁的外部边缘。

屋檐型岩壁夹角：从相对垂直岩壁转换到屋檐型岩壁的过渡或弯折区域。

绳索检查：为防止攀爬、下降等过程中突然出现不必要的绳结，在使用前用双手将绳索捋一遍，完整地检查后再进行使用。

迪尼玛材料（高分子聚乙烯纤维）：由尼龙与高分子聚乙烯构成的混纺织物。高分子聚乙烯的抗拉强度比尼龙高五倍。在相同强度下，迪尼玛材料的重量明显更轻。

盘绳：为方便携带与收纳，将绳索整理成可快速解开的绳捆。可以将绳索中点作为收绳起点或直接以末端作为收绳起点。

快挂：表示由两把单锁和一条尼龙或凯夫拉、迪尼玛扁带组成的一个装置系统。为保证攀岩者安全，在攀登过程中将它们扣入固定挂入点内，扣入时应注意使绳索在使用过程中尽可能保持笔直且减少绳索与岩壁的摩擦。

冲坠拉力：由于攀岩者坠落而使绳索以及绳结受到的力。

坠落到地面：攀岩者坠落到地面的事件。

头盔：头盔一方面可保护攀岩者头部免受石块砸伤，另一方面可避免撞击伤害。头盔分为“硬壳头盔”和“发泡材料头盔”两种。发泡材料头盔中的聚苯乙烯发泡材料可以有效降低撞击产生的冲击力，同时也十分轻便，因此是理想的攀岩运动护具。

动力绳：攀岩运动使用的绳索。受到冲击力时具有一定延展性，可以有效保护攀岩者安全。

口令“完成！”：缩略用语，我已经把身体固定在岩壁上，你可以解除针对我的安全保护了。

受力绳端：与制动绳端相对，在保护器的另一侧（上侧）。

丝扣：攀岩主锁上可旋转的连接部分。

绳索冲坠测试：针对攀岩绳索的检测程序。通过测试条件下能承受冲坠的次数确定攀岩绳索的抗拉强度，这个次数依据国际标准以及生产商在参数中提供的数值而确定。

看攀：不参考任何资料，不观察他人的攀爬，一次性成功地对一条线路完成个人首次攀爬。

尼龙：制造攀岩主绳和安全带的原料。尼龙熔点低，绳索间经摩擦所产生的高温会造成尼龙绳索的熔断！请注意：硫酸（汽车电池液）、盐酸、硝酸、磷酸、氢氧化钠、苯酚和过氧化氢都会损害尼龙制品，从而引发安全问题。

不佳的快挂位置：必须留出一只手用以把主绳挂上快挂或顶环。这在攀登高难度的攀岩线路时更是必备能力。当攀岩者由于没有更好的选择而不得不在一个不适合继续攀岩的位置挂入快挂时，该位置就被称作“不佳的快挂位置”。

锁门：用于打开主锁的可移动部件。

丝扣锁：带手动丝扣的主锁。

扭绳：绳索扭曲，以至于影响使用或不能使用。

绳距：自地面至顶环或保护站的攀登路段。

安全系统：防止攀岩者掉落至地面的所有固定点及安全措施的总称。

冲坠系数：冲坠距离与有效绳长的比例关系。对从地面起步的攀岩者来说，这个系数最大为“1”。

保护者受力：攀岩者冲坠致使攀岩保护者受的力。

通过手：大拇指与其他手指呈环形绕住绳索，而不是紧抓绳索。绳索可以自由穿过手指形成的“隧道”。只有当大拇指与其他手指形成一个封闭的“环”时，制动手才对制动绳端进行控制。

顶点：线路的终点，在这里完成攀登或用绳索下降。

中继保护点：岩壁上的固定点。多数情况下与快挂配合使用，以便在冲坠时拉住绳索并阻止坠落。

罗申

这套丛书全面介绍了德国登山和攀岩的技术和经验，对我国登山和攀岩爱好者而言，是一套很好的、可以学习和借鉴的读物。

——两次登顶珠穆朗玛峰的高级教练

厉国伟

他山之石，可以攻玉！这套丛书对我国攀岩运动的发展有很好的借鉴意义。愿读者在科学、安全、环保的前提下亲近自然、走进雪山、乐享人生！

——中国登山协会副秘书长、国家体育总局登山运动
管理中心攀岩部主任、亚洲攀岩理事会竞赛主任

邓军文

这套丛书由嘿森林(北京)体育科技股份有限公司集中引进，丛书对攀岩装备、安全、心理、技术等方面进行了详实的介绍，是攀岩教师、教练员、爱好者不可多得的读物，对从事户外运动的人有极大的帮助。

——我国早期推广普及攀岩运动的大学教师、
中国地质大学（北京）体育部副教授

丁祥华

德国登山协会（DAV）多年来大力普及推广攀岩运动，积累了丰富的经验，这套丛书作为其重要成果值得我们学习借鉴。

——第一届全国攀岩锦标赛冠军、国家级教练、
国家体育总局登山运动管理中心开发部主任